2010年世界劳工报告
从一个危机走向下一个危机？

国际劳工组织　著
中国财政经济出版社　组织翻译

中国财政经济出版社

图书在版编目（CIP）数据

2010 年世界劳工报告：从一个危机走向下一个危机？/国际劳工组织著；中国财政经济出版社组织翻译. —北京：中国财政经济出版社，2011. 10

书名原文：World of Work Report 2010：From one crisis to the next?

ISBN 978 – 7 – 5095 – 3054 – 2

Ⅰ. ①2… Ⅱ. ①国… ②中… Ⅲ. ①劳动经济 – 研究报告 – 世界 – 2010 ②劳动就业 – 研究报告 – 世界 – 2010 Ⅳ. ①F249. 1

中国版本图书馆 CIP 数据核字(2011)第 168777 号

责任编辑：吴　敏　　　　责任校对：王　英
封面设计：文　通　　　　版式设计：李香杰

中国财政经济出版社出版

URL：http：//www. cfeph. cn

E – mail：cfeph @ cfeph. cn

社址：北京市海淀区阜成路甲 28 号　邮政编码：100142

发行处电话：88190406　财经书店电话：64033436

北京富生印刷厂印刷　各地新华书店经销

880 × 1230 毫米　16 开　8. 5 印张　200 000 字

2011 年 10 月第 1 版　2011 年 10 月北京第 1 次印刷

定价：28. 00 元

ISBN 978 – 7 – 5095 – 3054 – 2/F · 2591

图字：01 – 2011 – 1792

（图书出现印装问题，本社负责调换）

本社质量投诉电话：010 – 88190744

国际劳工研究所于1960年由国际劳工组织创建，是一个在社会和劳工领域开展深入研究的独立机构。

《2010年世界劳工报告》编写人员

该报告由国际劳工研究所的工作人员撰写，该研究所所长负责出版事宜。各章节的作者如下：

- 编者按：雷蒙德·托雷斯
- 第一章：史蒂文·托宾和维罗尼卡·埃斯库德罗
- 第二章：萨米尔·卡蒂瓦达
- 第三章：埃格哈德·恩斯特、马修·查普和乌玛·拉尼
- 第四章：安妮·朴斯兰玛和雷蒙德·托雷斯
- 第五章：埃格哈德·恩斯特

雷蒙德·托雷斯负责本报告的编辑和协调工作。

在此，我们感谢国际劳工组织总干事胡安·索马维亚对本报告提出的建议和指导。

研究所专家团队对本报告的早期版本提供了出色的建议和意见。该专家团队包括：约瑟·曼纽尔·加尔文·阿里巴斯、玛莎·巴克斯特、柯兹莫·贝维雷利、胡安·雷蒙·德·莱格里西亚、华纳·埃克霍斯特、海娜·弗拉斯贝克、理查德·弗里曼、玛利亚·吉普森、乔纳斯·朱庭、约瑟·达瑞·克莱因、帕特里克·洛、江莫辉（音译）、马尔西奥·波施曼、佐摩·科瓦梅·桑德拉姆、罗比·纳森逊、卡洛斯·萨拉斯、哈维尔·桑迪索、阿拉克·沙玛、罗伯特·P. 沃斯、安德鲁·瓦特。

我们还要感谢国际劳工组织的同事给我们提出的建议，包括：莱斯·阿布拉姆、彼特·奥尔、帕特里克·贝尔瑟、亚尼内·伯格、毛里齐奥·布斯、纳达·艾尔-纳什弗、邓肯·坎贝尔、森德林·凯斯、查尔斯·丹、罗迪·德拉律、拉斐尔·迪茨·德·美迪纳、阿萨纳·迪奥普、南希·唐纳德森、玛利亚·安吉里卡·杜奇、菲利普·爱格、劳伦斯·阿古路、迈克尔·高特里、林雅彦、迈克尔·亨利克斯、安·赫伯特、弗兰克·霍夫、苏珊娜·霍夫曼、艾亚娜图尔·伊斯兰、史蒂芬·凯普索斯、金肯凡、让-弗朗索瓦·克莱因、艾迪·李、李明宪、莫阿桑·马穆德、让·马尼纳特、安德烈·马里纳基斯、吉列尔莫·马林达、伊莲娜·纳斯波洛娃、维尼休斯·皮涅罗、史蒂芬·珀斯、格哈德·赖内克、约瑟·曼纽尔·萨拉查-辛瑞那什、简·斯图尔特、捷尔吉·西拉茨基、卡尔·塔比奥拉、曼纽拉·托梅、希尔·威瑞克、山本幸子。

编者按

雷蒙德·托雷斯
国际劳工研究所所长

在金融危机爆发后第三年，世界经济开始恢复增长，部分国家已经出现就业复苏的可喜迹象，尤其是在亚洲和拉丁美洲地区。

近来，不少国家的就业前景恶化……

尽管世界经济出现显著增长，但新的阴影开始笼罩就业市场，很多国家的就业前景已经急剧恶化。在发达经济体，预计就业状况要到2015年前才能恢复至危机前的水平，而非《2010年世界劳工报告》（第一章）所预计的到2013年前。对于新兴和发展中国家而言，估计就业状况将在今年达到危机前的水平——这一点与去年《世界劳工报告》的预期保持一致。不过，要满足这些国家劳动力日益增长的需求，仍需提供超过800万个就业岗位。其他许多在2009年底保持正就业增长率的国家，其近期的发展态势却显示出就业复苏疲软，甚至出现不断下降的情况。

劳动力市场持续衰退的时间越长，则求职者找到新工作的难度就会越大。在可获得数据的35个国家中，接近40%的求职者的失业时间已经超过一年，这导致这些人出现意志消沉、自尊心丧失和心理健康出现问题的风险显著增加。最为重要的是，年轻人受到失业打击的比例尤其大。即便找到工作，但往往不稳定，并且与其技能不相符合。由于劳动力市场已经长期持续低迷，很多失业人员感觉心灰意冷，并彻底告别劳动力市场。2009年底，在约21个国家，有400多万求职者已经放弃寻找新的工作。

……这反映了财政紧缩的状况以及导致危机的根本原因未能得到正确处理的事实。

就业前景恶化的第一个原因是财政刺激措施的退出。这些措施此前在促进经济复苏中起到了关键作用。各国政府担心，由于投资者不愿为公共赤字买单，公共赤字可能进一步增加。在本报告所分析的绝大多数国家中，财政政策已转向紧缩政策，这些政策如果设计不好，可能进一步延长就业危机。

第二个因素，也是更为根本的因素，是危机的根本原因未能得到正确处理。某些发达国家由债务所推动的经济增长与主要新兴经济体由出口所带动的经济增长的并存，这已成为世界经济的致命软肋。在金融危机开始前，劳动者实际收入的增长幅度低于生产力增长相对应的收入增长幅度，从而引起收入差距日益加大。在发达经济体（如，美国和部分欧洲国家）中，这一状况使这些国家的普通家庭为满足其住房和消费计划的资金需求而被迫贷款——这主要是金融体系作用失常所导致的结果。而在德国等其他发达经济体以及中国等新兴经济体中，收入差距的日益扩大转化为国内需求的相对适度增长。不过，更为重要的是这些国家增加了向高支出和债务驱动型经济体的出口量。全球金融危机爆发后，私人债务泡沫随之破裂，目前公共债务取而代之成为经济增长的引擎。不过，为刺激经济的公共债务的增长数额有一定的限制。

因此，要持续摆脱危机的影响，必须同时应对收入不平衡以及金融系统作用失常这两种现象。

要持续摆脱危机的影响，必须首先提供以就业为中心的财政支持……

不过，改善就业前景仍有可能。本报告提供了有关“双加强、三延长”的方法所发挥关键作用的证据。首先，必须加强以就业为中心的政策，以便降低长期失业率不断增长以及非正规部门就业率增加的风险。在此方面，积极的、良好设计的劳动力市场政策、临时工作分担安排以及支持弱势群体，尤其是针对年轻人的措施，将发挥重要的作用。在就业状况开始复苏的国家，还必须制定有效的培训政策以确保工作者拥有适宜的工作技能。

本报告表明，这些措施在世界各地得到了成功的实施，并且不会造成很大的公共支出。此外，从长期来看，这些措施将有助于提高劳动力市场参与率和就业质量，从而为减少公共支出和增加收入创造可能性。最终，公共赤字水平将低于由于采取设计不好的财政紧缩政策所导致的水平（第三章）。

……其次，新兴经济体和其他盈余国家实现以收入带动的经济增长……

第二项对策是盈余国家转向以收入带动的增长，以摆脱以往由债务带动的增长，为盈余和赤字国家创造可持续的就业铺平道路。本报告表明，通过确保加强盈余国家中劳动者收入增长和生产力提高之间的联系，这些盈余国家以及其他面临严重赤字问题国家的失业人口都将下降（第四章）。上述政策与汇率调整的措施相比，在实现世界经济的再平衡方面将更为有效。事实上，以收入带动的增长战略不仅有助于推动总需求，同时也将扩大国内市场并为可持续企业增加新的商机。

反过来，以收入带动的增长将取决于旨在增强劳动者集体议价能力、促进社会对话、良好设计的最低工资政策以及有利于就业的社会保障体系的措施。巴西和印度等国已展示了如何实现这一目标。

……第三，开展金融改革。

正如国际清算银行在其2009年年度报告中所指出的，“金融危机与疾病的特征非常类似。在这两种情况下，要找到治愈的方法，都必须首先确定疾病的根源并对症下药”。不过，在实际情况中，迄今为止，金融改革并未能针对“疾病的根源”进行应对。

因此，政府出资帮助银行摆脱困境而不对其进行深入的改革，已经产生了严重的“道德风险”问题。在发达经济体中，针对实体经济的贷款总量已经下降。这种状况对众多小企业来说尤其令人担忧。众多小企业在促进就业复苏方面具有至关重要的作用，但它们又往往依赖于银行为其投资和聘用计划提供资金支持。

同时，新兴和发展中国家也受到资本波动的影响，而资本波动往往会造成实体经济的不稳定。

通过改革金融体系，包括采取各个国际论坛中所讨论的各项措施，可以为生产性投资筹集资金，就业市场状况也将变得更为稳定（第五章）。此类措施必须同时在各国和国际层面上展开，比如可以采取对金融活动征税的办法。部分人士，尤其是金融界的专家，已经对金融改革和借贷成本增加后的过渡时期表示关切。不过相比而言，金融改革对实体经济和整个社会所带来的长期效益，其重要性显然要大得多。

社会凝聚力濒临危险

在政策博弈中，社会凝聚力应发挥更为显著的作用。初期的政策响应让人认为政府将就业和社会关注的问题纳入了考虑范围之内。然而，如果政府实施的战略包容性减小，社会凝聚力的持续性就将成为问题。

目前，已有越来越多的迹象表明社会状况正在恶化，尤其是在那些失业率极高的国家。例如，在可获得数据的 82 个国家中，超过 3/4 的国家指出，人们普遍认为其生活质量和生活水平在 2009 年出现了下降。与其他国家相比，上述国家的失业率增加了近三个百分点。即便那些有工作的人群对其工作的满意度也出现了显著下降：2009 年，在可获得数据的 71 个国家中，超过 2/3 的国家的工作者的工作满意度出现了下降。人们对社会不公平的看法不断增加（在 83 个国家中有 46 个国家如此），同时与危机前相比，人们对政府的信任度也在下降（在 72 个国家中有 36 个国家如此），这一点也在意料之中。本报告指出，失业率增加以及收入差距日益加大，是社会状况指标恶化的关键决定因素（第二章）。相反，经济增长本身并不是社会状况指标中的一个重要因素。这一研究结果更加彰显了国际劳工组织《全球就业协议》所倡导的以就业为中心的应对措施的重要性。

总而言之，采纳以就业为中心的财政刺激计划退出战略将有助于在确保各国经济能够摆脱危机、可持续复苏的同时，增强社会凝聚力。要实现这一目标，就必须为应对长期失业状况提供精心设计的财政支持，采取措施加强劳动者收入与生产力发展之间的相互联系，同时开展为满足实体经济需求的金融改革。正如很多观察家所强调的，我们应该将此次危机视为建立全球经济平衡的一个良机。就业和社会前景表明，把握这一良机、实现这一目标的时间已所剩不多。

目　录

图、表、专栏

图

第一章

第二章

第三章

表

专栏

第一章

全球就业前景：就业充足复苏面临的挑战*

主要研究成果

- 当前的经济复苏并未创造足够的就业机会，同时人们对所创造的就业机会的质量表示担忧。工作者丧失信心并离开劳动力市场，这可能带来长期破坏性的影响，对于年轻人尤其如此：
    - 在68个可获取信息的国家中，38%的国家最近一个季度呈现出就业负增长（无论是由于就业机会的持续丧失或者经济在经历了短暂的复苏后再次衰退，即"二次衰退（double dip)"）。
    - 当前，那些出现就业增长的国家中，所增加的就业机会很大一部分是兼职（且常常是非自愿的）。在部分发展中国家，工作者的工作意愿低于其预期值，并且很多已转向非正规就业。
    - 在可获取信息的几乎所有国家中，失业时间超过一年的失业人口数量均出现了增长——在某些国家，这一情况甚至非常严重。
    - 在可获取信息的国家中，2009年底前离开劳动力市场的工作者数量超过了400万，即便那些出现就业正增长的国家其劳动力参与率也不断降低。截至2010年初，接近120万名工作者已完全丧失信心，并不再积极求职，尽管他们更希望参加工作。
- 从中期来看，2010年发达经济体的就业增长仍将保持停滞状态，预计到2015年，其就业状况才可能恢复至危机前的水平。有研究表明，如果要恢复至危机前的就业率，在2011年，35个国家必须创造近1500万个就业机会。
- 在我们分析的33个新兴和发展中经济体中，预计将出现V形复苏——这些国家的就业状况在2010年上半年已恢复至危机前的水平。不过，对于这些经济体而言，要吸收此前的剩余劳动力以及新进入劳动力市场的劳动力仍将面临挑战：2011年，这些经济体的就业缺口约为700万个就业岗位，如果要将就业率恢复至危机前水平，还必须创造大约700万个就业岗位。

* 本报告的作者在此特别感谢蒋惠瑜（音译）在研究方面提供的出色帮助。

- 自危机爆发后，年轻人尤其受到不合理的影响。此前的经验表明，平均需要超过 11 年的时间，才能使青年失业率恢复至经济衰退前的水平。
- 目前面临的政策挑战是如何建立和确保可持续的包容性复苏，即就业状况从数量和质量两方面得到增长的复苏。有关分析表明：首先，那些取得成功的国家正是利用包容性增长途径促进就业的国家。这种方法不是以就业状况的恶化为代价换取的。其二，今后必须优先考虑那些避免退出劳动力市场的政策（如积极就业计划，精心设计的、有助于促进劳动参与的社会保障政策，最低有效工资政策以及有利于就业的税收政策）。其三，政策制定者必须尽量避免采取短期解决办法（如解除劳动力市场管制），这些短期解决办法可能创造长期的劳动力市场，但同时也会带来众多社会问题，包括社会动荡加剧（该问题在第二章中将进行探讨）。其四，必须开展协作，确保充足的社会总需求和平衡发展（该问题将在第三章至第五章中进行具体阐述）。

引言

2009 年上半年，由于全球金融危机和经济危机的影响不断深入，全球就业遭受破坏的状况开始加剧。2009 年下半年，全球 GDP 恢复至正增长。不过，尽管经济活动出现反弹，但在那些可获取信息的国家，其失业率继续上升——不过上升幅度明显减缓。2010 年第一季度，就业增长开始转好，但人们仍对所创造的就业岗位的数量和质量表示担忧。

此外，在部分经济体开始快速增长的同时，其他经济体仍然增长乏力，有些甚至面临“二次衰退”的威胁。全球金融危机已进入一个全新阶段，主要表现为人们对主权债务风险（主要是发达经济体）以及（经济动荡和潜在溢出效应导致的）财政整顿的担忧。因此，削减支出（尤其是促进就业计划支出）的压力不断加大，可能进一步延缓就业复苏进程。

本章的目的是阐述向劳动力市场提供适宜支持，确保可持续和包容性复苏的重要性。第一节分析了就业市场近期的发展状况，通过数据说明了就业复苏的程度。该节还从所创造的就业岗位数量和质量方面分析了现有的劳动力市场发展趋势以及所导致的风险。第二节评估了当前就业复苏的预期深度和持续时间。该节采用多个不同的情景分析，对未来的就业增长状况进行了预测，同时分析了不断增多的劳动年龄人口状况。最后一节，即第三节，介绍了本报告其他部分的内容，并重点强调了政策制定者如果要实现充分、可持续和包容性复苏，必须应对的部分重大劳动力市场问题和社会问题。

第一节　就业状况概要

就业状况刚开始摆脱全球金融和经济危机走向复苏……

2009 年下半年，经济复苏的迹象已开始显现（国际货币基金组织，2010 年），但劳动力市场仍然举步维艰。事实上，在那些可获取信息的国家，其就业率已经持续第六个季度不断走低，仅在2010年第一季度期间恢复至正增长（图1.1）。[1]尽管2010年前三个月就业率增长了0.8%，但考虑到劳动力市场衰退的程度和持续时间，这些国家的就业状况要恢复至危机前水平，还必须创造1200万个就业岗位。[2]

不过，当前劳动力市场的就业情况对于不同的收入群体来说，在时机、强度和持续时间方面存在很大的差别（图1.2）[3]：

- 高收入国家[4]是首先受到影响的国家类别，其失业人口于2008年第二季度开始大量增加，因此在失业方面，也是受到影响最大的国家类别。[5]这些国家的失业人口已经连续七个季度增加，其中仅2009年上半年就有700万人失业。2009年最后两个季度失业率减缓，直至2010年第一季度就业率才开始转向正增长。2010年初，要将这些国家的就业状况恢复至危机前的水平，仍需要创造1400万个就业岗位（即3%）。[6]

- 上中等收入国家[7]的就业状况也受到危机的严重影响，不过仅仅截至2008年下半年：2008年第三季度和第四季度，这些国家的就业人口减少了260万，就业率下降了近1%。2009年第二季度，这些国家的就业率恢复至正增长，但增幅仍然很小（增长率极低）。2009年最后两个季度，这些国家的就业率出现反弹，但与危机前的水平相比，就业人口仍然少160万（即0.6%）。

- 下中等收入国家[8]在失业状况方面是受危机影响最小的国家类别（至少目前如此）。2010年第一季度，这些国家的就业率增长强劲（印度尼西亚和泰国尤其如此），摆脱了危机期间失业人口增多的状况，就业人口甚至比危机前增加

---

1 本节分析的国家包括68个可获取信息的国家。有关国家的详细列表，请参见附录A。这些发展趋势与《2010年全球就业发展趋势》报告提供的全球失业状况估算值保持一致（日内瓦，2010年1月）。

2 这一数据是指将就业状况恢复至危机前水平所必需的净就业岗位数量。该数据忽略了这一事实，即过去两年间进入劳动年龄并求职的人口数量出现了增长（有关对就业预期复苏的时间探讨以及对就业与人口之比的分析，参见第二节）。

3 参见国际劳工组织，2009b。

4 高收入国家（人均国民总收入达到11906美元或以上的国家）包括：澳大利亚、奥地利、比利时、加拿大、克罗地亚、塞浦路斯、捷克共和国、丹麦、爱沙尼亚、法国、芬兰、德国、希腊、匈牙利、冰岛、爱尔兰、以色列、意大利、日本、韩国、卢森堡、马耳他、荷兰、新西兰、挪威、葡萄牙、新加坡、斯洛伐克、斯洛文尼亚、西班牙、瑞典、瑞士、特立尼达和多巴哥、英国、美国。

5 该类别中的部分国家，如美国，早在2008年第二季度前就已开始出现就业丧失的状况。

6 为恢复至危机前的就业峰值水平所必需的就业岗位数量来自于各国数据，然后对同一类别的国家进行累加得出的结果。

7 上中等收入国家（人均国民总收入在3857—11905美元之间的国家）包括：阿根廷、白俄罗斯、巴西、保加利亚、智利、哥伦比亚、牙买加、哈萨克斯坦、拉脱维亚、立陶宛、前南马其顿、马来西亚、毛里求斯、墨西哥、秘鲁、波兰、罗马尼亚、俄罗斯联邦、塞尔维亚、南非、土耳其、委内瑞拉玻利瓦尔共和国。

8 下中等收入国家（人均国民总收入在976—3856美元之间的国家）包括：阿尔巴尼亚、玻利维亚、中国、厄瓜多尔、埃及、印度尼西亚、摩尔多瓦、摩洛哥、菲律宾、斯里兰卡、泰国、乌克兰。

图 1.1　总就业率，2008—2010 年（与上季度相比的变化，百分比）

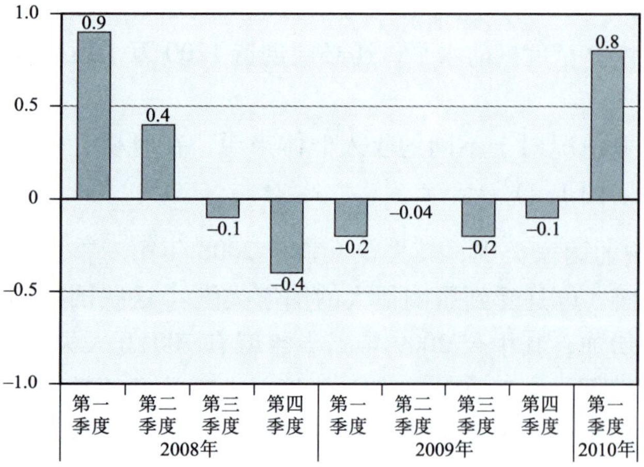

注：总就业率是根据 68 个可获取信息的国家（参见附录 A）的数据估算得出的。对于部分国家而言，就业数据是采用上几个季度的就业增长率进行估算的（2010 年第一季度：中国、牙买加、摩洛哥、特立尼达和多巴哥；2009 年第四季度：中国）。数据经过了季节性调整。[1]

资料来源：国际劳工研究所基于国际劳工组织劳工统计数据库的估算值。

图 1.2　自危机爆发以来的就业状况

第一组：就业人口变动情况（百万）

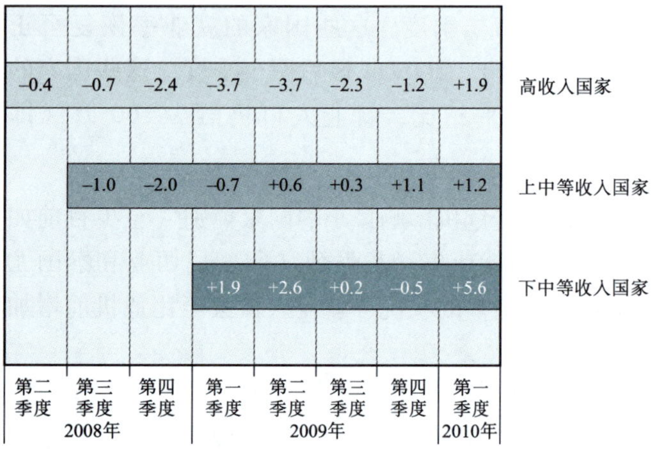

第二组：就业率变动情况（与上季度相比的变动幅度，百分比）

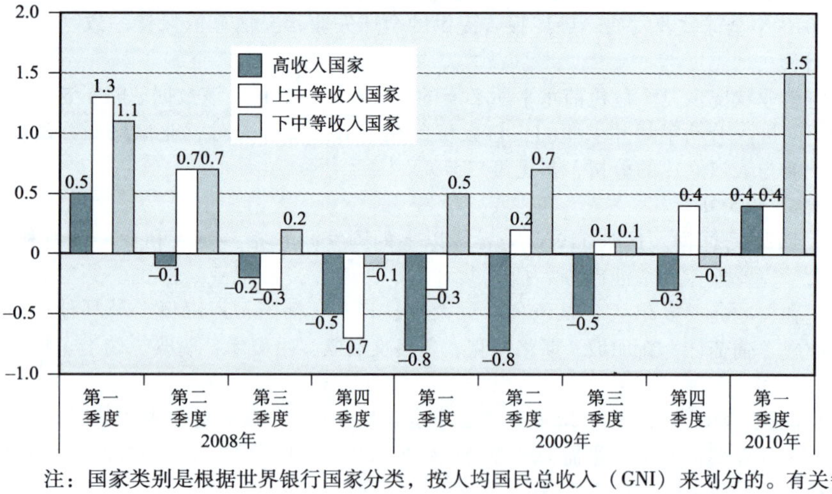

注：国家类别是根据世界银行国家分类，按人均国民总收入（GNI）来划分的。有关每个国家类别的详细列表，请参见附录 A。对于部分国家而言，就业数据是采用上几个季度的就业增长率进行估算的（2010 年第一季度：中国、牙买加、摩洛哥、特立尼达和多巴哥；2009 年第四季度：中国）。数据经过了季节性调整。

资料来源：国际劳工研究所基于国际劳工组织劳工统计数据库的估算值。

1　由于有关时间序列的数据有限，通过非因果移动平均比例法进行了季节性校正。同时，由于印度尼西亚仅提供了六个月的数据，所以也利用了该方法对其季度就业信息进行了外推。

了300多万。[1]

……不过，数据掩盖了不同国家就业增长的差异，很多国家的就业人口数量持续下降。

各个国家的就业复苏程度存在显著差异。尤其是，如果将已经达到（或超过）危机前就业水平的国家排除在外，在那些可获取信息的国家，其就业状况如要恢复至危机前的水平，还必须累计创造2000多万个就业岗位。[2] 此外，最近一个季度，38%的被分析国家的就业呈负增长。很多国家的就业率持续走低，而其他部分国家在经过了一段时期的就业率正增长之后近期也开始下降（图1.3）。

- 就业率仍在不断下降：22%的被分析国家的就业率持续走低，不过降低的速度有所减缓。这些国家（其中绝大部分为高收入国家）就业率下降的情况已平均持续至少一年。

图1.3　按照复苏类型划分的就业状况发展趋势（季度变化，百分比）

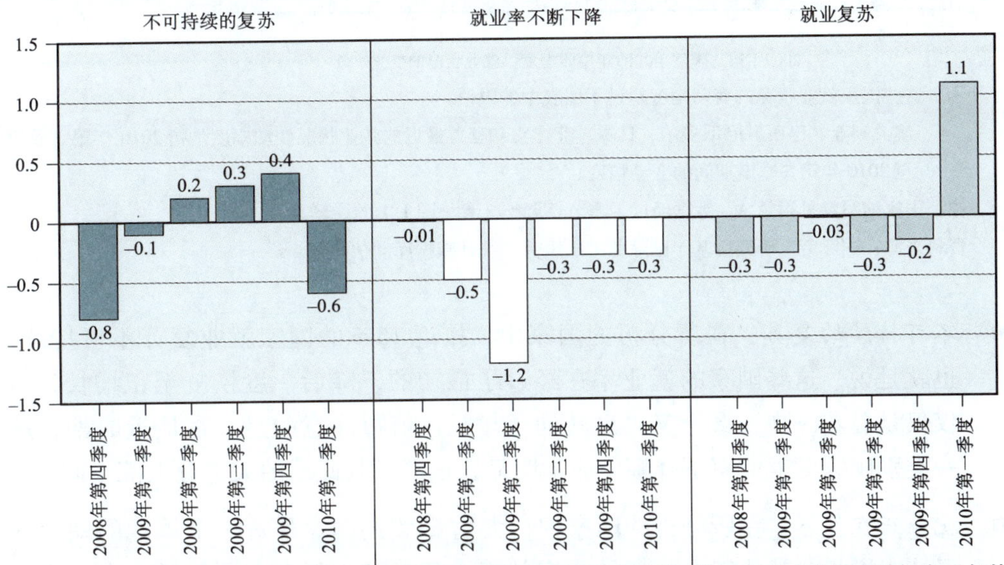

注：本图显示的是68个可获取季度就业信息的国家按照就业复苏类型划分的就业状况变动幅度（与前一季度相比，百分比）。不可持续复苏的国家是指那些自危机爆发以来至少经历一个季度的就业率正增长，但最近一个季度的就业率出现负增长的国家。对于部分国家而言，就业数据是采用上几个季度的就业增长率进行估算的（2010年第一季度：中国、牙买加、摩洛哥、特立尼达和多巴哥；2009年第四季度：中国）。数据经过了季节性调整。

资料来源：国际劳工研究所基于国际劳工组织劳工统计数据库的估算值。

1　当排除中国来分析该国家类别时，就业丧失状况似乎更严重，但仍是所有国家类别中最低的且就业发展格局仍然保持不变。例如，在不包括中国的情况下，截至2008年底，该类别的国家共丧失了34.4万个就业岗位，但在随后的那个季度，就业人口很快回升。在2009年第三季度期间，就业岗位再度下降了13万个。

2　截至2010年第一季度，阿根廷、澳大利亚、白俄罗斯、比利时、巴西、智利、中国、哥伦比亚、印度尼西亚、以色列、哈萨克斯坦、卢森堡、马耳他、墨西哥、秘鲁、菲律宾、瑞士、泰国和土耳其的就业水平已恢复至危机前的水平。

图 1.4 按照就业复苏类型和国家类别划分的总就业人口变化（百分比）

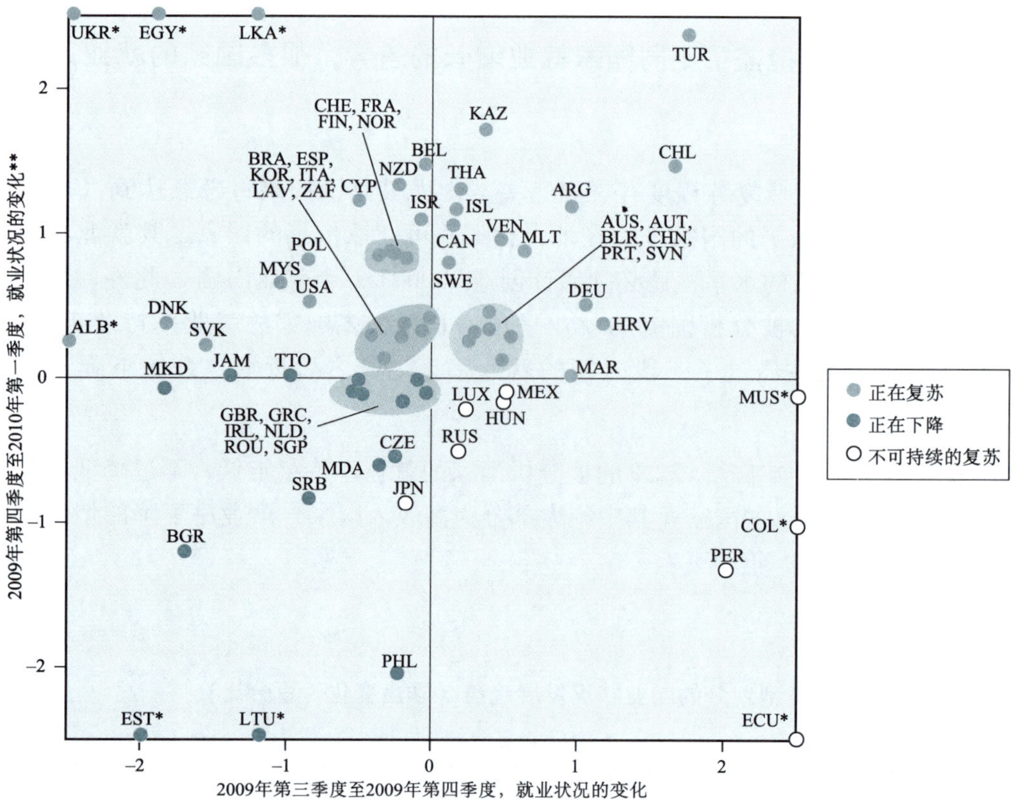

* 这些国家就业状况的变动幅度超过了图表中的限值。

** 澳大利亚、巴西、厄瓜多尔、日本、菲律宾和秘鲁最近的就业状况变动幅度是指 2010 年第一季度至 2010 年第二季度期间的变动幅度。

注：国家缩写参见附录 A。数据经过了季节性调整。参见图 1.1 的注释。

资料来源：国际劳工研究所基于国际劳工组织劳工统计数据库的估算值。

- *不可持续的复苏*：在所分析的国家中，接近 15% 的国家就业复苏不可持续，也就是说，这些国家的就业率在经过了最初的下降后一度恢复至正增长，但仅仅是昙花一现，最近又再度转向负增长。值得注意的是，在最近时期，这一类别国家的就业率下降幅度非常明显，抵消了其此前的大部分上涨空间。

- *就业正在复苏*：在所分析的国家中，大约 63% 的国家最近一个季度的就业率保持正增长。就业正在复苏的国家的组成相对较为复杂，既包括上中等收入国家，也包括部分高收入国家和下中等收入国家。

图 1.4 揭示了各国 2010 年第一季度（y 轴）和 2009 年第四季度（x 轴）的就业情况与其前一个季度相比的变化。从图中可以看出，不同国家的就业情况变动幅度差异尤其明显，比如：

- 出现在右上方象限内的国家（不到一半的国家）经历了持续两个季度的就业增长；

- 出现在左上方象限内的国家（包括南非和美国等）在 2010 年第一季度，其就业率恢复至正增长；

- 相反，位于下方两个象限内的国家在最近季度经历了失业人口增长的情况：出现在左下方象限的国家（如希腊和爱尔兰）在过去两个季度中失业人口持续增长；出现在右下方象限内的国家（如俄罗斯联邦和哥伦比亚）近来经历了“二次衰退”，即就业率在经历了增长期后近期再次下降。

因此，绝大多数国家的长期失业人口数量不断增长……

2010年初，随着劳动力需求继续保持疲软，各国失业人口数量继续上涨。数据显示，对于各种收入类别的国家，失业率仍然极高（图1.5，第一组）。事实上，在所分析的国家中，85%的国家的失业率自2008年初以来出现上涨。[1] 例如，高收入国家的失业率自2008年第一季度以来增长了三个百分点，2010年第一季度达到9%。上中等收入国家的平均失业率甚至更高——2010年初超过了10%，不过由于这些国家的失业率已经相对偏高，因此其失业率自2008年初以来的涨幅相对并不明显。而下中等收入国家的失业率仅微幅走高，达到6%以上。

图1.5　2008—2010年期间的失业情况和长期失业情况

第一组：2008年第一季度至2010年第一季度，按照不同收入国家类别划分的失业率增长百分比

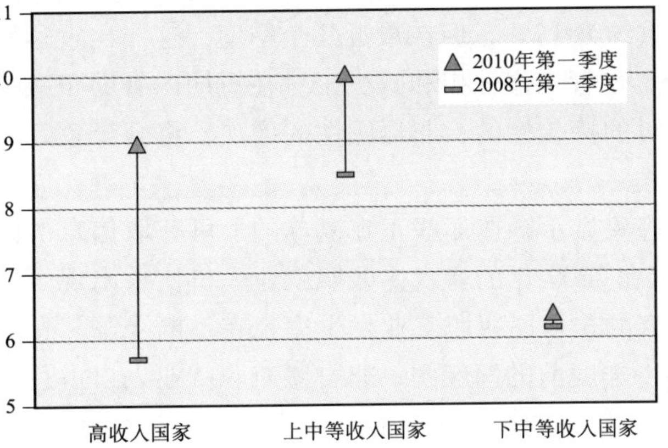

第二组：2009年第一季度至2010年第一季度，长期失业人口的增长百分比

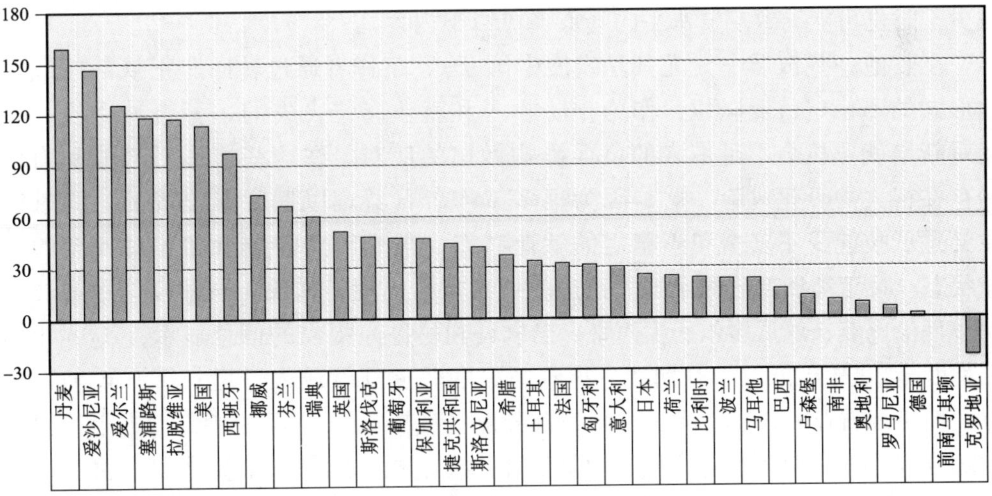

注：按照不同收入国家类别划分的失业率是基于对60个可获取信息的国家的数据进行加权平均后的失业率。美国的长期失业人口是指失业时间达到六个月或以上的失业。

资料来源：国际劳工研究所基于国际劳工组织、欧洲统计数据库和劳工统计数据库的估算值。

1　按照收入类别划分，高收入国家中失业率增长的占97%；而在上中等收入国家和下中等收入国家，这一比例分别为78%和50%。

此外，随着危机的持续，长期失业（失业时间超过一年）人口数量自然出现了增加（图 1.5，第二组）。[1] 在过去的一年间，几乎所有可获取信息的国家的长期失业人口数量均出现了增长——部分国家甚至出现了显著增长。此外，超过 80% 的国家，其长期失业人口占总失业人口的比重也出现了增加。换句话说，长期失业人口的数量不仅在不断增长，其增幅甚至超过了总失业人口的数量的增幅。值得注意的是，无论各个国家的复苏路径如何，其失业人口和长期失业人口均出现增长的发展态势，即便那些最近一个季度出现就业正增长的国家也是如此。

……在很多情况下，就业的质量不断恶化。

人们担心，在某些情况下，就业复苏并不会带来永久性全职就业岗位。2009 年期间，在那些就业率转向正增长的国家（就业状况不断复苏的国家）中，就业岗位增长过多地集中在兼职工作岗位（图 1.6）。事实上，除少数几个国家（波兰、南非和泰国）外，绝大多数国家在最近的复苏期，其兼职工作岗位的就业增长比重超过了危机前兼职就业人口占总就业人口的比重。例如，美国在危机前的兼职就业人口占总就业人口的比重约为 17%，但在最近几个季度，这一比重达到了 20%，比例明显偏高。一方面，尽管工作分担和减少工时在短期内有助于减少失业，但如果转化为兼职就业人口的持久性的、非自愿性的增加，将会导致新创造就业总体质量的恶化。

此外，有关兼职就业性质的迹象显示，在那些正在复苏的、可获取信息的国家（21 个）中，超过 60% 的国家在 2009 年的非自愿兼职就业人口比重出现了增长。墨西哥和厄瓜多尔等其他国家的非自愿兼职就业发生率也在不断上涨。在墨西哥和厄瓜多尔等国，2010 年第一季度前的两年间，非自愿兼职就业人口占总就业人口的比重上涨了 2% 以上。哥伦比亚的这一比重也出现了增长，不过涨幅相对较小。这一问题可能使得失业状况进一步恶化，这是因为雇主在复苏不稳定的背景下可能首先增加现有员工的工时，从而减缓就业复苏的整体速度和强度。同时，减少工时也可能导致工资水平的降低（见以下内容）。

在其他一些情形中（尤其是发展中国家），工作者通过转向非正规部门或其他形式的不稳定就业岗位，作为预防收入和就业岗位丧失的一种缓冲手段，以及对新增就业机会不足带来的负面影响做出的应对。在这些情形下，劳动力市场存在很大的分化风险，这是因为很多工作者日益难以摆脱非正规的，同时往往又是低技能、不安全和不稳定的就业状态，很难转向高技能和相对安全的就业状态。拉丁美洲部分国家的非正规就业人口已出现了增长。根据拉美六国（智利、哥伦比亚、厄瓜多尔、墨西哥、巴拿马和秘鲁）提供的信息显示，2008 年第二季度至 2009 年第二季度期间，这些国家的非正规就业人口增长了 0.6 个百分点，而正规就业人口也下降了相同的百分点（图 1.7）。这反映了劳动力市场出现的部分调整，至少在当前的危机中是如此。在危机期间，非正规部门吸收了那些在正规部门失业的人口。[2] 类似的现象也出现在印度尼西亚。印度尼西亚是在丧失就业方面受到影响最小的国家之一。在印度尼西亚，非正规就业的发生率以及

1　美国的长期失业人口是指失业时间达到六个月或以上的人口。

2　值得注意的是，在这些国家，非正规就业人口的增加并不意味着正规部门劳资关系的非正规化。事实上，正规部门的就业非正规化仍然相对保持不变（国际劳工组织，2009a）。这进一步支持了危机期间正规部门就业和非正规部门就业之间存在此消彼长的观点。

图 1.6　复苏国家的就业构成变化

在最近的复苏时期，＊兼职就业人口占总就业人口的比重与危机前＊＊的比重的差异

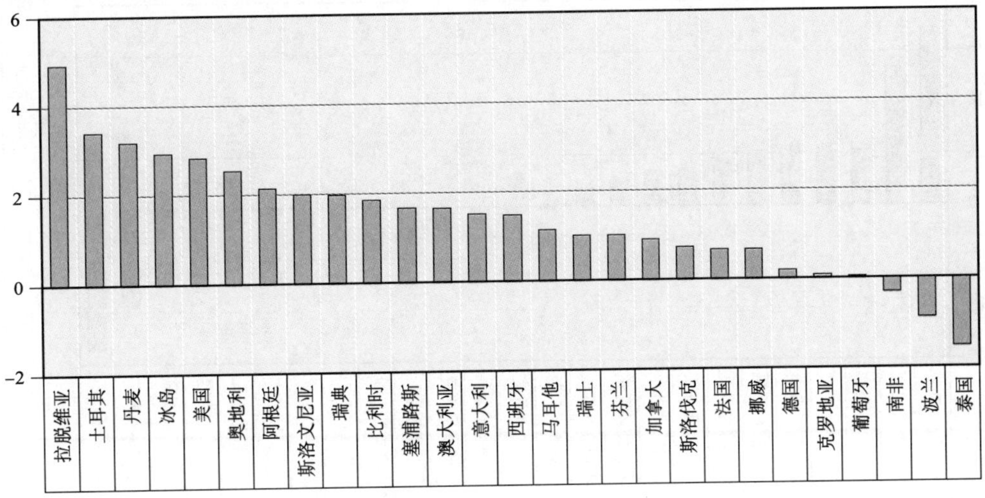

＊ 在就业率出现正增长的季度，兼职就业人口占总就业人口的比重。

＊＊ 危机前时期的比重是指在 2006 年和 2007 年期间，兼职就业人口占总就业人口的季度平均比重，但阿根廷、南非和泰国除外——这几个国家的危机前时期是指 2008 年。

资料来源：国际劳工研究所基于欧洲统计数据库和各国劳动力数据得出的估算值。

图 1.7　就业结构的变化，2008 年第二季度—2009 年第二季度（百分点）

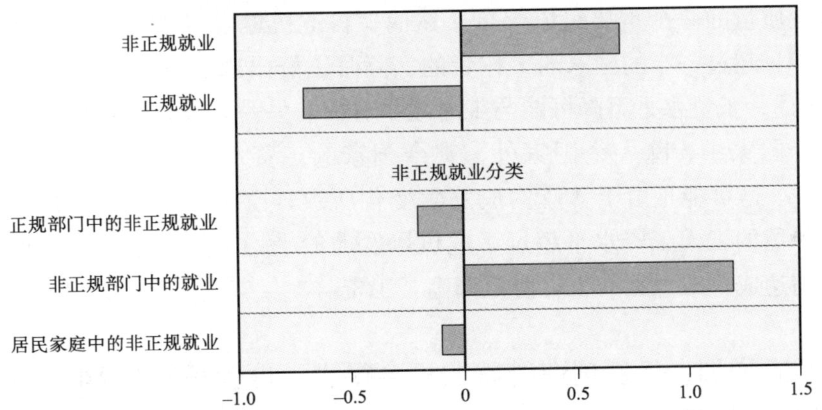

注：该图所涉及是指拉美六国——智利、哥伦比亚、厄瓜多尔、墨西哥、巴拿马和秘鲁——的数据。

资料来源：国际劳工组织（2009a）。

转向低质量就业的人口比例，出现了增长，而失业率却没有上升（国际劳工组织，2010a）。

此外，在危机期间，部分拉丁美洲国家出现了对就业现状的总体不满意且呈上升趋势。比如在阿根廷和墨西哥，就业不足的发生率（即那些积极寻找新工作，希望改善现有工作质量、工资或技能匹配度的工作者比例）不断上升。2009 年，墨西哥积极求职、处于就业不足状态的工作者数量增长了接近 17%，而接受过高等教育的工作者就业不足状况更为明显，增幅达到 35%。在阿根廷，2008 年第三季度至 2009 年第三季度期间，类似就业不足的求职者比例增长了近三个百分点。

图 1.8　实际工资变化，2007 年第四季度—2009 年第四季度（百分比）

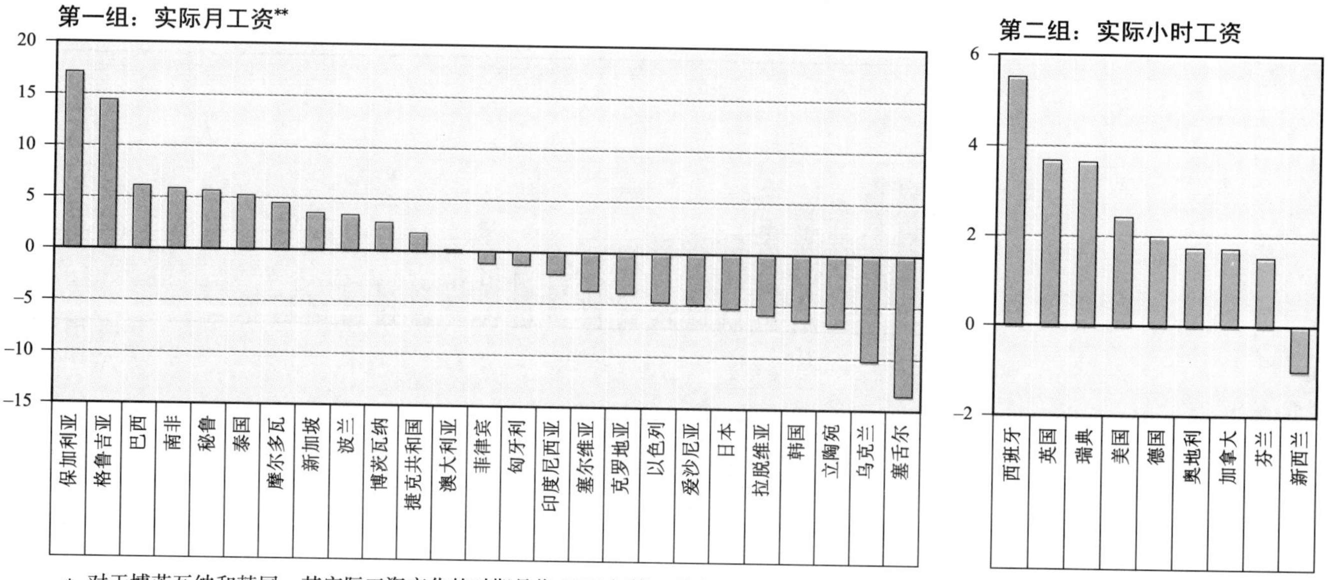

* 对于博茨瓦纳和韩国，其实际工资变化的时期是指 2007 年第一季度至 2009 年第一季度；芬兰和秘鲁是指 2007 年第二季度至 2009 年第二季度；菲律宾、泰国和英国是指 2007 年第三季度至 2009 年第三季度。

** 澳大利亚和菲律宾的数据分别指周工资和日工资。

资料来源：国际劳工组织、基于各国统计数据的危机数据库和全球工资数据库。

工资也是就业质量的一个重要组成部分。然而，自危机爆发以来，在可获取相应信息的国家中，超过一半的国家的工作者的实际月工资出现了下降（图 1.8，第一组）。如上所述，工资水平下降可能与工时减少有关。另一方面，在可获取时薪数据的少数几个国家中，除一个国家外，其余国家的工资水平都出现了增长（图 1.8，第二组）。这可能是由于就业构成发生变化所致，也就是说，可能是由于那些工作得以保留的工人工资水平超过了危机爆发前的平均工资水平，或者可能是由于按照此前达成一致意见的工资协议调高了工资。[1]

劳动年龄人口不断增加，但新创造的就业机会很少，这使得超过 80% 的国家的就业率出现了下降……

一方面，全球就业复苏缓慢，另一方面，绝大多数国家劳动年龄人口（年龄在 16—64 岁之间）继续增长。因此，在 2009 年，超过 80% 的所分析国家，其就业人口占劳动年龄人口的比率（即就业率）出现了下降，在某些国家，降幅甚至非常明显（图 1.9）。因此，那些就业人口持续减少或者增长停滞不前的国家的就业率下降幅度最大、最为普遍，也就不足为奇了。保加利亚、爱沙尼亚和立陶宛等国由于面临就业人口不断减少和劳动年龄人口不断增加的双重挑战，因此这些国家的就业率下降问题尤为严重。在这些国家，就业率的下降幅度达到 3.5% 或以上。即便对于那些就业开始复苏的国家，其就业率也在下降。

1　有关工资发展和生产力的更多信息，参见国际劳工组织，2010d。

图 1.9　就业人口与总人口之比的百分比变化，2009 年第一季度—2010 年第一季度

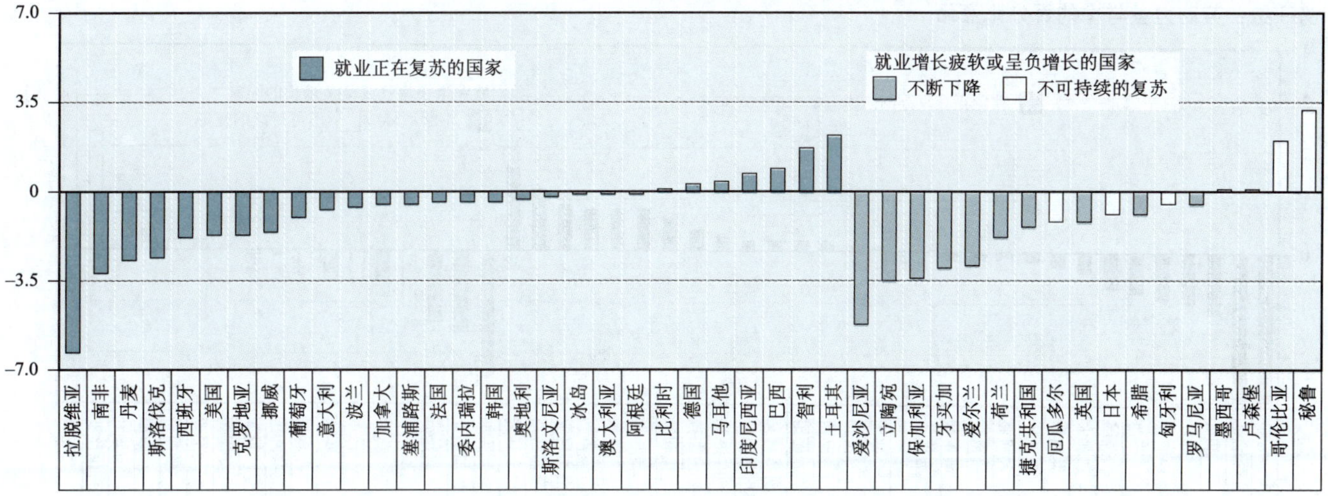

＊ 牙买加的就业率百分比变化的时期是指 2008 年第四季度至 2009 年第四季度期间。阿根廷、玻利维亚、厄瓜多尔和秘鲁的数据仅是部分城区的数据。

资料来源：国际劳工研究所基于国际劳工组织劳工统计数据库的估算值。

……并导致很多人集体退出劳动力市场。

因此，很多工作者丧失信心，不再积极寻找新的工作。截至 2009 年底，有 400 多万工作者决定退出劳动力市场——占受影响国家劳动力总量的 1% 强（图 1.10，第一组）。[1] 在大约一半的国家中，就业参与率出现了下降，即便那些就业呈正增长的国家也是如此。在就业参与率不断增长的少数国家中，其就业参与率的增幅也是微不足道的。这一类别国家最为典型的范例是南非和拉脱维亚。在 2010 年前四个季度中，这两个国家的就业参与率急剧走低，下降了接近三个百分点。不过，在那些就业增长持续疲软或者呈负增长的国家中，工作者退出劳动力市场的状况最为普遍，其中牙买加跌幅最大，超过了 2.5 个百分点。这一问题对于年轻人而言尤为严重（专栏 1.1）。

更为令人关注的是，在 65% 的可获取信息的国家中，怯志工作者（目前未参与就业但希望工作的工作者）的数量和比重均出现了增长。事实上，2009 年第一季度至 2010 年第一季度期间，这些国家怯志工作者的数量平均增长了 5%（图 1.10，第二组）。也就是说，在截至 2010 年第一季度的一年中，有接近 120 万的怯志工作者，其中在那些就业呈负增长的国家有接近 45 万，而在那些就业已经复苏的国家有 70 多万。同样，在绝大多数的国家中（70%），怯志工作者的数量在非活动人口数量中的比重也在不断上升。

1　劳动力数量不断减少的国家包括保加利亚、克罗地亚、丹麦、爱沙尼亚、芬兰、冰岛、爱尔兰、意大利、牙买加、日本、拉脱维亚、摩洛哥、荷兰、挪威、葡萄牙、罗马尼亚、南非、西班牙、乌克兰、美国和委内瑞拉。在这些国家中，截至 2009 年底（第四季度），已有 440 万人退出了劳动力市场。

图 1.10　怯志工作者与退出劳动力市场的工作者，2009—2010 年

第一组：劳动力参与率的百分比变化

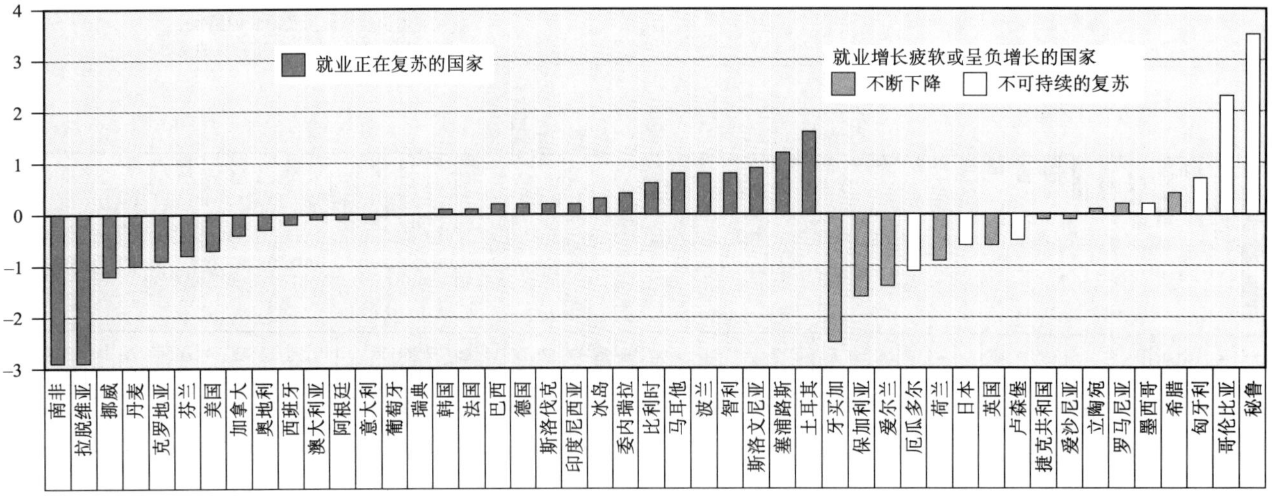

第二组：怯志工作者[*]（百分比：左轴，百分点：右轴）

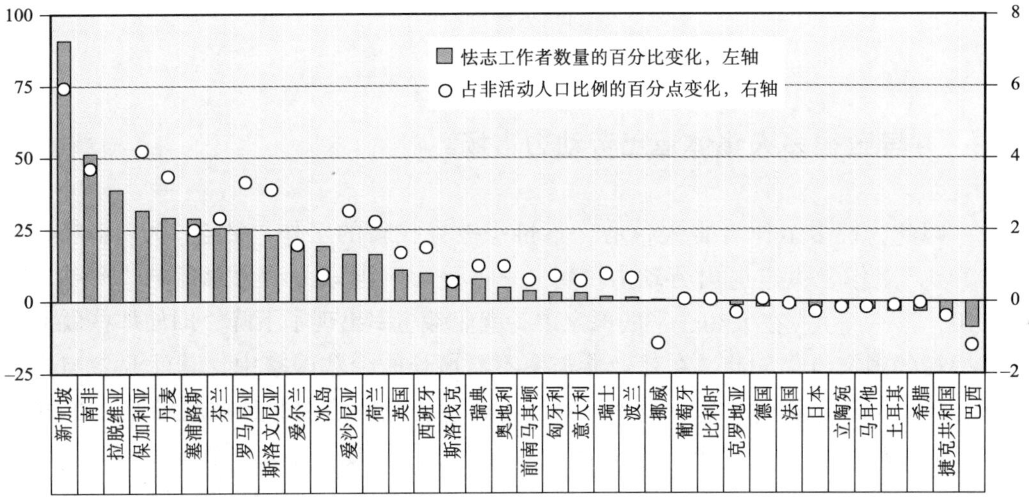

* 对于瑞士，所涉及的是 2008 年第二季度至 2009 年第二季度期间的数据；爱尔兰是 2008 年第三季度至 2009 年第三季度期间的数据；前南马其顿是 2008 年第四季度至 2009 年第四季度期间的数据；新加坡是 2008 年至 2009 年期间的年变动幅度。

注：数据是指 2009 年第一季度至 2010 年第一季度期间的变动幅度。阿根廷、玻利维亚、厄瓜多尔和秘鲁的数据仅指部分城区数据。

资料来源：国际劳工研究所基于欧洲统计数据库和各国数据得出的估算值。

专栏 1.1　聚焦青年：脱离劳动力市场将对年轻人的就业造成长期的、毁灭性的打击

通常，年轻工人由于缺乏相关的工作技能、工作经验和信息，并且求职时处于不利地位（这在危机期间尤其严重），使得他们尤其容易受到劳动力市场变化的不利影响（维瑞克，2009 年；世界银行，2007 年）。[1] 在当前的危机中，情况也是如此，新进入劳动力市场、缺乏经验的年轻人尤其受到重创。[2]

其中，特别应该关注“从学校走向工作”的过渡时期。在这一阶段，年轻工作者进入劳动力市场寻找全职就业机会。在危机爆发前，发达国家的证据已经表明，年轻人从校园转向永久性工作平均需要两年的时间，其中在丹麦、爱尔兰和德国需要一年左右，在意大利、芬兰和西班牙需要两年以上（昆提尼等人，2007 年）。而在发展中国家，从学校转向全职工作这一问题更具挑战性，很多年轻人选择非正规就业或自雇就业，并且时间往往要长得多，在某些国家最长达七年。[3] 在就业市场增长乏力的国家，从学校转向就业的过渡时间可能更长，年轻工作者全部退出劳动力市场的风险很大。事实上，在可获取信息的 32 个发达国家中，大约 2/3 的国家，其 20—24 岁年轻人的劳动力参与率出现了下降，除四个国家外的其余国家，15—19 岁年轻人的劳动参与率均有所降低。[4]

此外，来自先前几次危机的证据显示，在就业复苏后的很长一段时期，青年失业的情况仍长期存在。事实上，在那些将青年失业率恢复至危机前低水平的国家中，平均用了 11 年的时间才实现这一目标——希腊用了 17 年，墨西哥用了 7 年（图 1.11，第一组）。部分国家（如图 1.11 的第二组中所列的国家）未能将青年失业率恢复至危机前的低水平，只是形成了青年失业率新的高点。[5] 这些国家平均用了 17 年多才实现青年就业的“部分”复苏。比如，在西班牙，之前危机前的青年失业率最低点出现在 1976 年，为 9.3%，但在 30 年后，即 2006 年（当前危机前的最低点），这一比例却超过了 17%。该类别中的其他国家的发展趋势也基本类似：青年失业率在当前危机爆发前形成的谷底值平均接近之前危机前历史最低点的两倍。这一状况尤其值得关注。在部分国家，如巴西、日本、美国和英国，在当前危机期间的青年失业率已超过了 20 世纪 90 年代经济衰退期间的最高值（哈等，2010 年）。

图 1.11　各国先前几次危机中青年就业率恢复所需要的时间（年）

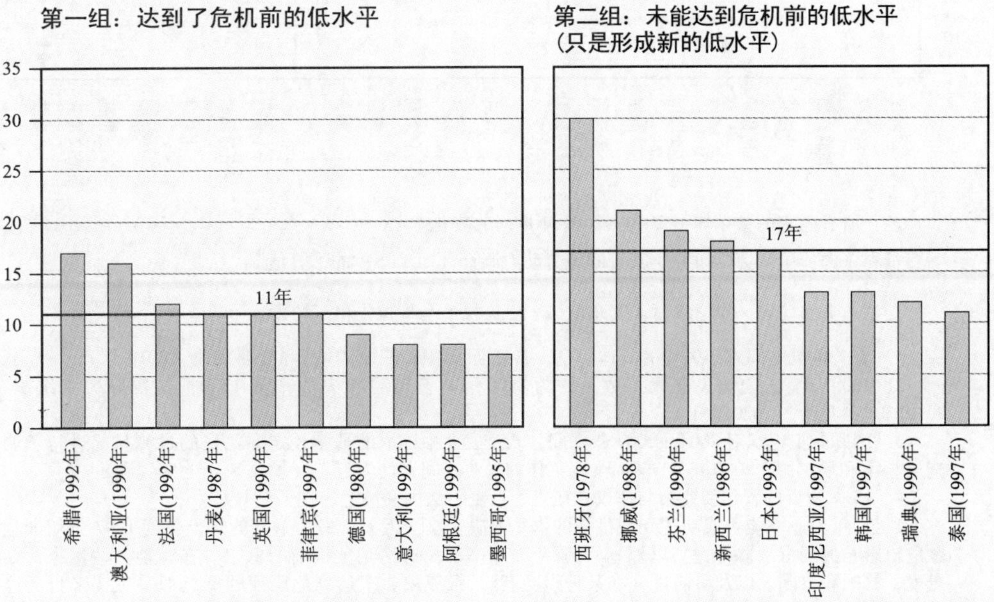

资料来源：国际劳工研究所基于欧盟劳动力调查（EULFS）的估算值；经济合作与发展组织和联合国数据库。

此外，失业对青年的影响可能在某些情况下导致其被社会排斥、贫困、技能削弱和增加进入不稳定、低报酬就业的可能性[6]，这些都可能对青年的未来潜在收入造成长期严重的影

响，对于那些在危机期间刚毕业的学生来说尤其如此。例如，卡特尔（2009 年）发现，瑞典那些刚毕业就失业的年轻人其五年后的收入比正常收入减少了 30%。莫洛兹和萨维奇（2006 年）发现，在美国，22 岁时如果失业时间达到六个月，一年之后其工资水平将比正常工资低 8%，同时可能导致长期影响，其十年之后的工资水平将比正常工资水平低 3%。同样，奥里欧普罗斯等人（2008 年）发现，在加拿大，在经济衰退期间毕业的学生工资收入相对较低，尽管随着他们逐步转向待遇更好的企业，其收入将部分回升，但永远无法赶上其他人。

在此方面，工作质量是一个重要的考虑因素。尽管更为灵活的工作安排，如临时性和兼职工作，可能有助于促进年轻人进入劳动力市场，但这些工作安排也可能同时导致长期的工作不稳定（哈等，2010 年）。事实上，绝大多数的年轻人由于无法找到永久性工作而处于临时就业状态，在可获取信息的国家中有 2/3 的国家，这一数字在不断增长（图 1.12）。[7]

因此，可能有必要采取一些特殊的政策干预措施来解决年轻人就业所面临的困难，并且宜早不宜迟。尤其是，必须让年轻的求职者始终与劳动力市场保持联系。对于那些回到校园的年轻人，继续为其实现顺利有效地从学校走向工作过渡提供帮助，同时促进就业公平和技能匹配。在就业前景相对疲软的背景下，这些措施的意义重大（参见第二节）。此外，即便在危机前，年轻人面临的就业状况也不利，如果这一情况长期持续，可能造成长期严重的社会和经济负面影响，对于个人和整个社会的发展来说均是如此。

图 1.12　无法找到永久性就业岗位的 15—24 岁的临时工作者的比例，2009 年（百分比）

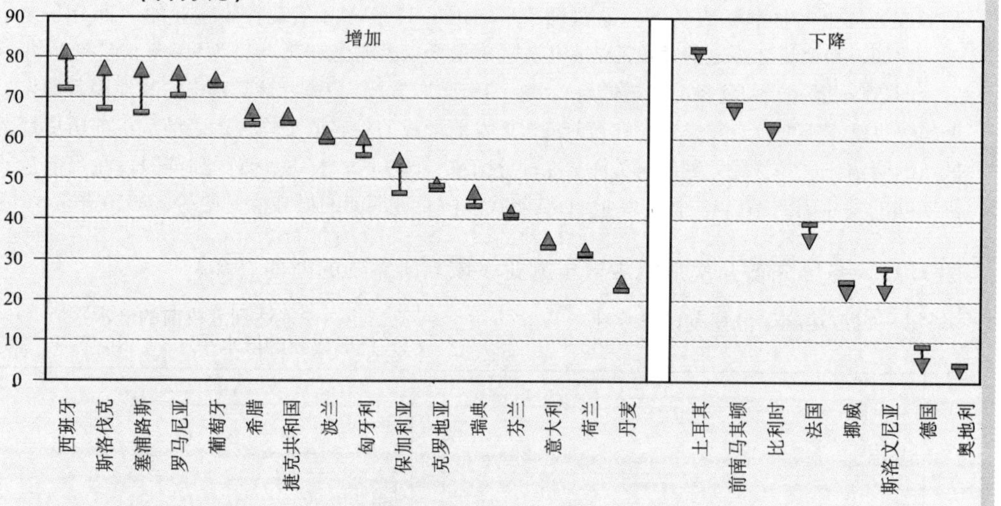

注：所有国家的数据均指 2008—2009 年期间的变化。

资料来源：国际劳工研究所基于欧盟劳动力调查（EULFS）的估算值。

专栏 1.1 由乌玛·拉尼编写，安东尼诺·巴贝拉·马佐拉提供了协助。

1　有关危机期间青年失业的具体信息，参见斯卡尔佩塔、索内特和曼弗莱迪（2010 年）。

2　2009 年底，全球失业青年数量约为 8100 万，全球青年失业率为 13.0%（国际劳工组织，2010b）。参见哈等（2010 年）。

3　国际劳工组织对 2004—2007 年期间，八个发展中国家的从学校走向工作的过渡状况进行了调查（松本和埃尔德，2010 年）。转向全职工作的过渡时间平均为五年（埃及）至七年（蒙古）。

4　15—19 岁的青年就业参与率仅在捷克、丹麦、法国和波兰出现了增长。

5　青年失业率能否成功达到危机前的水平取决于多个因素。最为重要的是，受到 1997 年亚洲金融危机影响的国家（除菲律宾以外），其青年失业率都没有达到危机前的低点。在其他一些国家，如丹麦、德国和英国，以及墨西哥（在某种程度上），青年失业率达到危机前的低点似乎主要来自于这些国家经济产值在危机后增长强劲所致。

6　参见贝尔和布兰奇福劳（2010 年）；明塞尔和波拉切克（1974 年）；皮萨里德斯（1992 年）；比埃文和史蒂弗斯（2008 年）；卢比和奥尔迪内（2002 年）。

7　有关就业调控和临时性工作的具体讨论，参见第三节。

第二节 就业前景

本节将评估在当前政策措施不发生转变的前提下，各国就业状况的中期发展前景。[1] 本节将探讨以下情况：(1) 2015 年前的经济发展前景；(2) 劳动年龄人口的预测值，以便估算今后的就业率。本节的预测值使用了就业—产值弹性系数，该系数是通过对先前几次危机期间经济增长对就业的影响进行计量经济分析得出的估算值（有关方法论层面的考量，参见附录 B）。估算值首先按照收入类别进行分类，之后按照国际劳工组织的地区进行重新分类。我们主要构建了两种情形：(1) 利用国际货币基金组织现有增长预测的基准情形；(2) 基于联合国经济和社会事务部（UNDESA）产值估算值（比国际货币基金组织的年度基准预测值低 1%）的替代增长情形。[2] 该分析采用的方法与《2009 年世界劳工报告》所采用的方法基本类似（国际劳工组织，2009b）。[3] 然后，我们通过将就业—产值弹性系数用于国际货币基金组织（国际货币基金组织，2010 年）和联合国经济和社会事务部（联合国，2010 年）的 GDP 增长预测值中，按照国家分类，对 2010 年以后的就业前景进行了预测。

高收入国家的就业复苏乏力……

分析得出的第一个结论是，危机后的就业增长预计将很低。[4] 高收入国家尤其如此，在这些国家中，2010 年期间的就业增长预计仍将停滞不前，2015 年前才可能恢复至危机前的水平（图 1.13，第一组）。[5] 与一年前的预测相比，高收入国家就业复苏的预计时间又进一步推迟。一年前，我们曾预计这些国家提前两年（即 2013 年）恢复至危机前的水平。[6] 这可能是由于目前的就业增长速度慢于此前的预计，因此就业复苏的时间也将相应的延迟。如果就业状况继续恶化（悲观的增长情形），则就业可能在 2011 年初才能开始增长。

如果考虑到劳动年龄人口的增长，就业问题将更为严峻（图 1.13，第二组）。在基准情形下，就业率预计将保持与以往类似的轨迹，2011 年初才可能见到谷底。此外，从中期来看，就业率似乎仍难以恢复至危机前的水平，到 2015 年底就业率仍将比 2007 年危机前的水平低 1.4 个百分点（在悲观的增长情形下，这一比例将接近两个百分点）。该发现表明，在现有的基准情形下，在 2011 年第一季度前，要将就业率恢复至危机前的水平，35 个国家仍需要接近 1500 万个就业岗位。[7]

---

1 第三章分析了各国不同财政状况对劳动力市场的影响。

2 1% 是国际货币基金组织和联合国经济和社会事务部对 2010 年的年度全球产值估算值差额（分别为 4.2% 和 3.2%）。

3 鉴于就业状况根据商业周期的不同会对经济增长产生不同的反应，本分析估算了不同国家摆脱历次危机的复苏期间产值—就业比。

4 鉴于就业是一个相对滞后的变量，因此 GDP 复苏后才出现就业增长便不足为奇了。不过，该研究结果表明，在历次危机期间，与 GDP 下降相比，当 GDP 出现正增长时，就业状况反应的速度相对更慢。

5 有关各个收入类别国家的详细名单，参见附录 B。

6 国际劳工组织，2009b。

7 这相当于 2009 年该类别国家劳动年龄人口总数的 2.2%。

图 1.13　部分高收入国家的就业前景，2004—2015 年

第一组：总体就业前景（危机前水平=100）

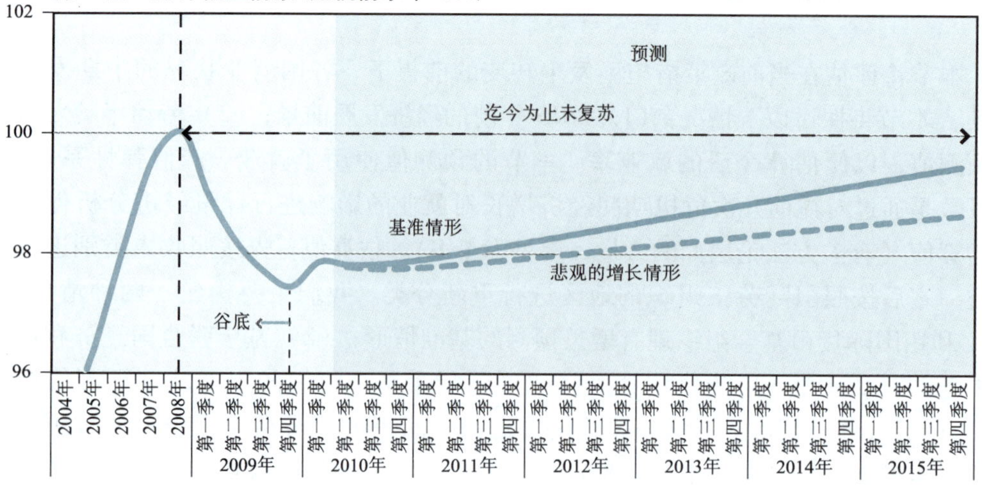

第二组：就业率前景（百分比）

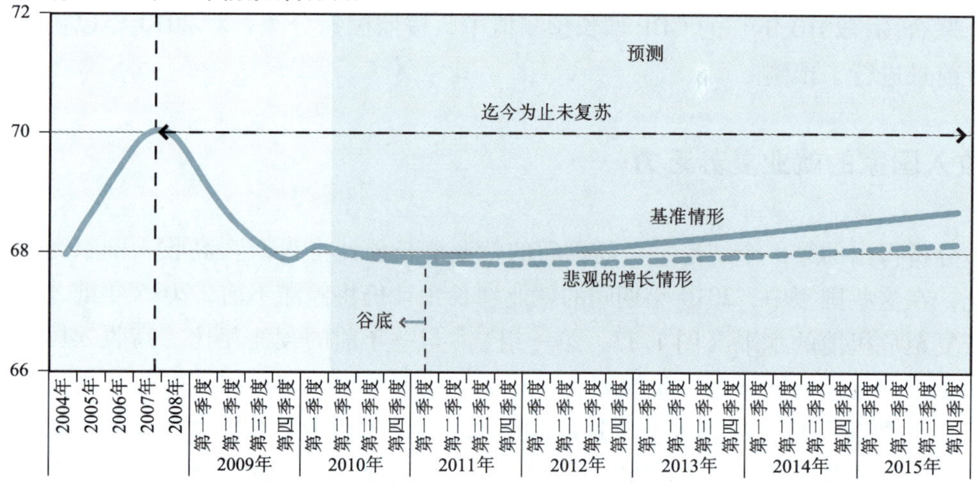

资料来源：国际劳工研究所基于国际劳工组织劳工统计数据库的估算值；国际货币基金组织（2010 年）；经济合作与发展组织（2010 年）；联合国（2010 年）。

……新兴和发展中国家复苏的速度将更快，不过仍需要一定时间来吸收日益增加的新进入劳动力市场的人口。

正如第一节所阐述的，上中等收入国家在就业破坏方面受到的影响明显更小，就业破坏对就业状况的总体影响呈 V 形，即有望快速得到复苏（图 1.14，第一组）。实际上，在 2010 年上半年，这些国家的就业状况有望恢复至危机前的水平。即便在悲观的增长情形下，仅再过一个季度，就业状况就将恢复至危机前的水平。即便这种前景相对看好，但由于成为劳动年龄的人口数量预计将显著增加，这一类别国家就业率增长的速度仍然远未达到足够的水平。因此，如果这些国家的经济按照目前预计的速度增长，四年之内，这些国家的就业率就有望达到危机前的水平；如果经济增长放缓，2014 年前将无法实现这一目标（图 1.14，第二组）。在 2011 年前，即使预期将出现就业复苏，与危机前水平相比，22 个国家的就业缺口仍然接近 400 万个。[1]

1　这相当于 2009 年该类别国家劳动年龄人口总数的 0.7%。

图 1.14　部分上中等收入国家的就业前景，2007—2014 年

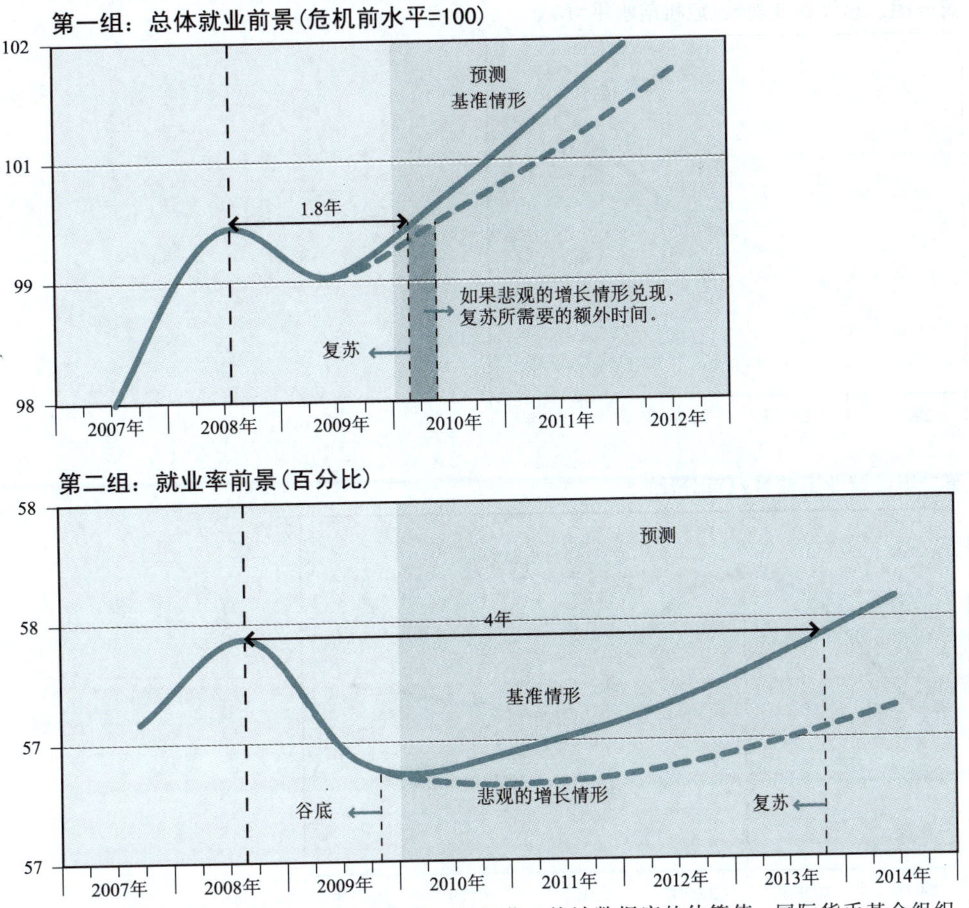

资料来源：国际劳工研究所基于国际劳工组织劳工统计数据库的估算值；国际货币基金组织（2010年）；联合国（2010 年）。

在最后一个类别的国家（下中等收入国家）中，尽管其就业并未出现同比下降，但正如第一节所阐述的，在 2009 年第二季度，这些国家出现了就业丧失的情况，且各国受到的影响也存在显著差异。两种情形都要求这些国家今后几年内继续保持就业增长。不过，这些国家的劳动年龄人口增长率预计将继续超过就业增长率，则在基准情形中，预计就业率在 2010 年底前将会降低，在悲观的增长情形下，就业率在可预见的未来也将降低（图 1.15）。因此，与危机前的水平相比，11 个国家的就业缺口仍将为大约 300 万个。[1]

2011 年，如果考虑劳动年龄人口不断增加的情况，与危机前的状况相比，全球各地区的就业缺口估计将超过 2200 万个工作岗位。

世界各个地区的就业前景存在显著的差异。不过，从就业水平来看（这一点与上述分析一致），发达国家估计将是最后恢复至危机前就业水平的国家类别（到 2015 年）。不过，鉴于劳动年龄人口数量的显著增长，绝大部分类别的国家（除中欧和东欧、中亚地区和亚洲地区外[2]）其就业率在中期不可能恢复至危机前的水平。考虑到两种发展趋势（即就业增长停滞不前以及劳动年龄人口数量不断增

1　这相当于 2009 年该类别国家劳动年龄人口总数的 0.6%。

2　有关中欧和东欧以及中亚的就业率发展趋势的详细阐述，参见表 1.1 的注释。

图 1.15　部分下中等收入国家的就业前景，2007—2012 年

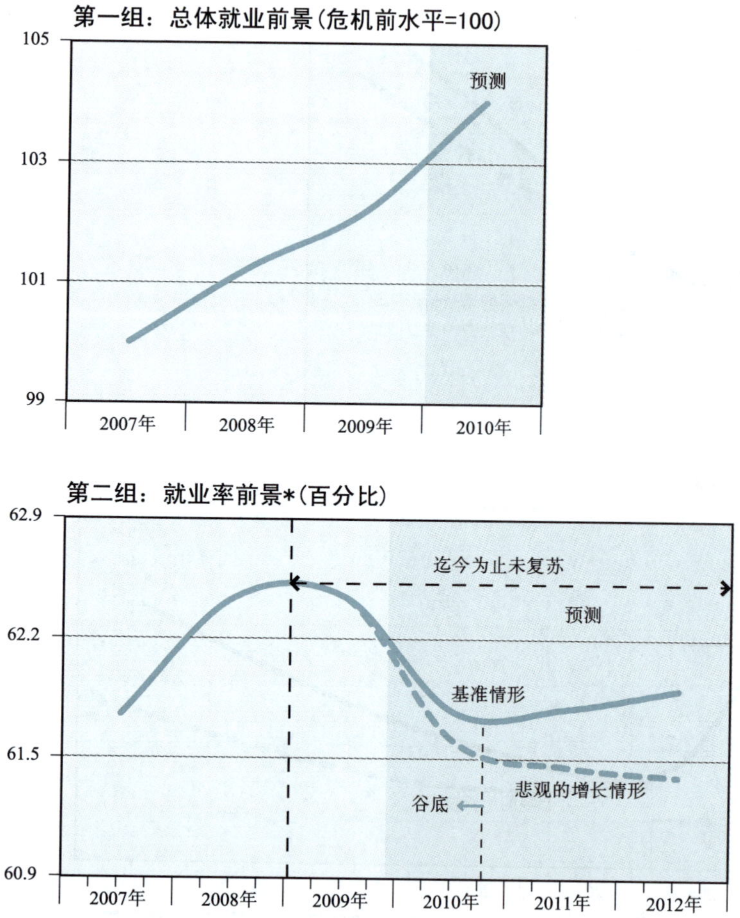

* 由于用来计算就业和劳动年龄人口的方法存在差异，分析就业率前景的国家不包括中国。

资料来源：国际劳工研究所基于国际劳工组织劳工统计数据库的估算值；国际货币基金组织（2010 年）；联合国（2010 年）。

表 1.1　按地区划分的 68 个国家的就业缺口和复苏时间

地区	就业水平恢复至危机前水平的时间	就业率恢复至危机前水平的时间	2011 年前的就业率缺口（百万个就业岗位）
非洲	2010 年	不早于 2015 年	1.4
拉丁美洲和加勒比	正在复苏	不早于 2015 年	2.6
发达国家	不早于 2015 年	不早于 2015 年	14.5
中欧和东欧以及中亚	2012 年	2012 年	1.9
亚洲	正在复苏	2015 年	1.7

注：非洲地区的数据仅指埃及、毛里求斯、摩洛哥和南非。中欧和东欧以及中亚的估算值包括土耳其的数据。此外，由于劳动年龄人口不断减少，这一类别的国家就业率恢复至危机前水平的时间将早于就业水平的复苏时间。就业率缺口是指为恢复至危机前就业率所必需的就业岗位数量。

资料来源：国际劳工研究所基于国家劳工组织劳工统计数据库的估算值；国际货币基金组织（2010 年）。

加），估计在2011年所有地区[1]的就业缺口（为恢复至危机前的就业率必须的就业岗位数量）将超过2200万个，其中绝大部分将位于发达国家（表1.1）。在非洲、亚洲、拉丁美洲和加勒比、中欧和东欧以及中亚，就业缺口约为750万。

第三节　促进高质量的、就业机会更多的可持续性复苏：未来展望

正如前两节所阐述的，目前所创造的就业机会不足，尤其是在考虑不断增加的劳动年龄人口时更是如此。个人正通过从事（在工时、工资和技能方面）低于其预期值的工作，或者（在某些情况下）在非正规部门就业，针对失业增长的状况做出调整。因此，人们对就业的质量表示担忧，即便在那些就业率不断增长的地方也是如此。

在其他情况下，个人正集体退出劳动力市场（即便很多人希望继续工作），从而为政策制定者建立和确保就业状况实现可持续的包容性复苏带来了更大的挑战。此外，在财政紧缩的背景下，政策制定者必须注意避免采取短期解决方案，这些短期解决方案尽管可以应对快速减少财政赤字的压力，但同时也会带来很多长期的劳动力市场和社会问题，而要应对这些问题可能非常困难且代价高昂。

一、发生社会动荡的风险

失业增加可能带来诸多的社会问题。尤其是随着工作者对就业前景日益失去信心，其不满情绪可能加深，从而损坏社会凝聚力。此外，随着经济复苏开始显著发展，就业复苏的广度和质量可能对社会发展状况造成影响。这一点尤其值得关注，因为在危机爆发前，增长时间延长所带来的好处已经分布不均。也就是说，很多国家的就业增长在质量和数量方面均表现疲软，尤其是在很多发展中国家，同时绝大多数国家的收入差距也在扩大（国际劳工组织，2008b）。通常，体面工作对于改善人们的福祉具有至关重要的作用，就业对全球社会发展具有很大的影响，因为就业不仅可以提供收入，同时也可以为广泛的社会和经济发展铺平道路。

上述问题将在第二章进行论述。第二章分析了存在社会动荡的风险，尤其分析了人们对失去收入、工作和养老金的担忧程度，以及近年来对不公平现象的看法是否有所增加。该章还分析了包括危机响应在内的社会发展状况指标与劳动力市场发展之间的相关程度。最后，该章强调了就业充足的复苏在缓解社会紧张方面所发挥的作用。

二、劳动力市场计划的作用

正如前面第一节和第二节所阐述的，金融危机和经济危机对劳动力市场造成的影响以及迄今为止就业复苏的持续时间和强度在各国之间存在显著的差异。这种影响各异的局面在不同的收入类别的国家和地区长期存在。就业丧失存在差异

1　这相当于2009年所分析的68个国家的劳动年龄人口总数的1.5%。

可能来自于多种因素，这些因素包括经济结构、金融行业的风险和劳动法规（参见以下内容），此外在某种程度上也源于各国对危机采取的不同对策。事实上，各国采取对策的性质（内容）和程度（规模）存在显著的差异。[1] 财政刺激计划的力度从占 GDP 的 1% 以下到超过 10% 都有。在某些国家，针对危机的对策集中在有限的领域，如主要依靠基础设施投资，而另外一些国家则采取了更为全面的综合对策。随着各国寻求促进新增就业的途径，有必要分析各国对策的差异性，以便汲取相关的经验教训。[2] 其中一种方法就是主成分分析法（PCA）。这种方法可以减少主成分数据集中的不同政策变量。在这种数据集中，每个组成部分都是由原先各国对策的变量所构成的线性加权组合。这种多元统计方法可以将不同类别的国家分为预先确定好的类别（组分），可以体现不同类型的政策干预措施。

为了评估不同国家对危机采取的不同对策，我们采用以下变量开展了 PCA 分析：（1）财政刺激计划的总投入占 GDP 的百分比，以体现各国针对危机做出响应的力度；（2）将财政刺激计划细分为不同类型的措施（包括减税、基础设施投资、劳动力市场措施和社会转移支付），分析这些措施的投入占 GDP 的百分比，以便分析对策的广度。两个组成成分占各国不同对策的 2/3 左右。[3] 第一个组成成分主要是财政刺激计划的规模（以及基础设施投资支出）。[4] 在此方面，第一个组成成分反映的是对策的程度或规模。因此，在第一个组成成分中得分更高的国家可以确定为采取了更为有力的对策，但这种对策主要集中于某些领域，如主要投资基础设施建设。相反，第二个组成成分来自于减税、社会转移支付和程度相对更小的劳动力市场措施。[5] 因此，第二个组成成分主要体现的是应对危机的不同方法。

在本分析中，各国在与 PCA 相关的两个组成成分中的得分采用两个单独的图表示：一个是就业正在复苏的国家得分，另外一个是就业人口仍在不断下降或者复苏不可持续的国家得分（图 1.16，第一组和第二组）。分析结果表明，那些最近时期就业转向正增长的国家（第一组）——毛里求斯、墨西哥和秘鲁除外——在两个组成成分中的得分均为正值（且很多国家的得分都相对较高）。此外，分析结果显示，在绝大多数的国家中，政府对策的更为多样化，而非大规模投入，即第二个组成成分得分更高的国家数量比第一个组成成分得分更高的国家更多。也就是说，与总体的刺激计划投入规模相比，减税、社会转移支付和劳动力市场措施发挥的作用更大。相反，那些就业尚未复苏的国家（第二组）的得分主要集中在轴线附近，也就是说，这些国家采取对策的规模和多样化都不明显。但马来西亚、新西兰和新加坡除外，在这几个国家中，就业状况对政府措施的反应似乎相对不明显。

上述状况不仅彰显了采取多样化的综合途径促进就业的重要性，同时也凸显了这样一个事实，即财政刺激计划未必需要大量的投入才能发挥作用。鉴于各国在面临公众要求控制政府支出的压力下，可能中止或者减少那些旨在促进（和维

1 参见国际劳工组织，2009c。

2 该分析的数据来源于国际劳工组织（2009b）开展的针对各国经验教训的研究结果。

3 第一个组成成分占原始数据变量的 44.2%，第二个占 20.3%。

4 第一个组成成分中，两个变量的比重（财政刺激支出和基础设施支出占 GDP 的百分比）分别为 0.61% 和 0.54%。

5 第二个组成成分中，三个变量（减税、社会转移和劳动力市场措施占 GDP 的比重）分别为 0.71%、0.47% 和 0.40%。

图 1.16　截至 2009 年，利用主成分分析法、按照国家和就业复苏类型划分的得分情况

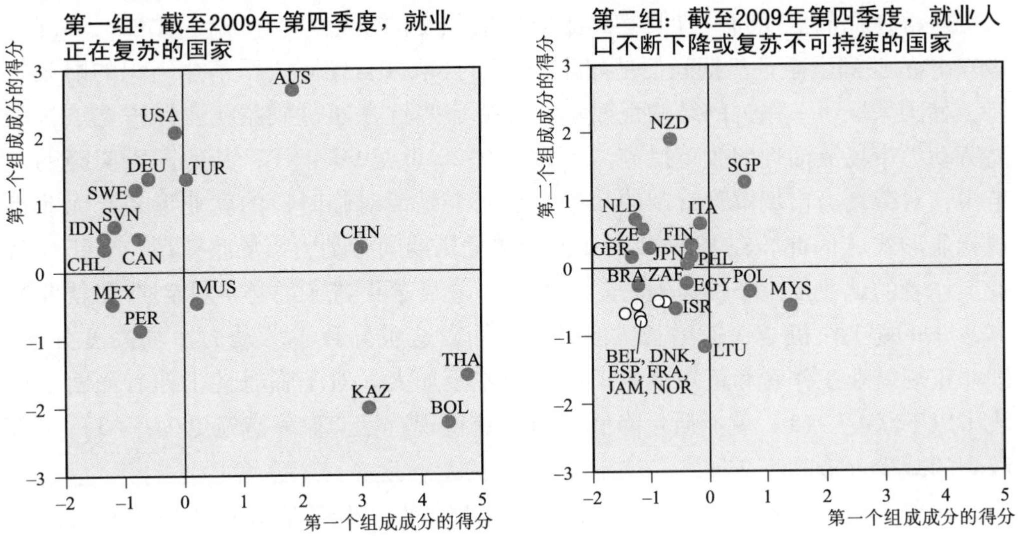

注：就业复苏的分析基于经过季节性调整的数据。

资料来源：国际劳工研究所基于国际劳工组织劳工统计数据库的估算值。

持）就业状况的政策，上述一点尤其重要。不加选择地减少劳动力市场措施和社会措施（尤其是那些就业仍未出现复苏的国家），将带来众多的负面影响，包括可能导致经济复苏进程戛然而止。这些问题将在第三章中得到更加具体的探讨。该章主要分析了那些旨在创造更多就业机会和限制失业人口进一步增长的劳动力市场应对计划的有效性。在此方面，各国政府通过将其措施重新针对某些特定的领域，包括更为广泛地采用积极的劳动力市场政策，来改善其公共财政和劳动力市场的状况。该章重点介绍了部分措施，在这些措施中，政府投资可以为个人（在就业方面）以及企业（在成本效益比方面）带来长期积极的回报。此外，该章还强调，过早退出现有的措施、过于草率地实施财政整顿计划，可能使部分国家面临的主权债务危机进一步恶化。

三、合理设计劳动法规：避免劳动力市场二元性

为了应对劳动力市场的各种挑战，各国政策制定者常常需要分析有关劳动力市场的法规——尤其是就业保护立法（EPL）[1] 的作用。相对更为宽松的就业保护立法通过推动雇佣和解雇程序，可以促进就业创造和就业流失，并将工作者重新分配至那些生产效率更高（即技术得到改进）的部门。[2] 不过，相对更为严厉的就业保护立法可以提高工作者的收入和促进其就业稳定，还有助于促进更为长期的雇佣关系和特定企业的人力资本，从而为个人就业和企业效率带来积极的效益。事实上，更为综合全面的劳动力市场法规可以产生社会和经济双重效益（桑廷柏

1　就业保护立法（EPL）是指一系列用于管理员工雇佣和解雇过程的法规，适用于正规和临时就业，以及集体解雇（雇佣和解雇过程中承担的义务越重，表明就业保护立法越严格）。针对各国的就业保护立法指标由经济合作与发展组织负责开发。

2　例如，为了降低高失业率以及长期失业发生率，很多发达经济体（尤其是欧洲国家）自 20 世纪 80 年代中期以来已经放宽了就业保护立法，尤其是对临时就业的法规。

格，2005年）。

通常，在危机期间，有关就业保护严格程度的争论总会升温。比如，韩国在1997年的亚洲金融危机期间便是如此。[1] 为了换取来自国际货币基金组织的财政支持，韩国采取了一系列的结构性改革，包括那些旨在通过放宽就业保护立法来提高劳动力市场灵活性的改革措施。不过，在20世纪90年代，其他国家实施的改革中，对劳动力市场解除管制的政策几乎完全是针对临时性的就业形式，而非正规就业形式。[2] 因此，在1997年的亚洲金融危机期间劳动力市场改革后，非正规就业工作者的就业发生率快速增长。一方面，这显著促进了总体就业创造和就业复苏，非正规工作机会快速增长。但另一方面，这也导致了劳动力市场高度分化，即非正规就业工作者和正规就业工作者的差距加大。对于临时性工作者而言，造成了以下状况：（1）就业质量降低；（2）获得现有社会保障措施更少；（3）工作权利的减少（专栏1.2）。

在现有危机背景下，尤其需要关注非正规就业工作者容易遭受就业流失的影响问题。比如，在韩国，2008年第二季度至2009年第一季度期间，共丧失了200万个临时性就业岗位，但永久性就业仍然相对保持稳定。其他国家也存在类似的发展趋势，在这些国家中，临时性就业工作者首当其冲地受到就业丧失的影响（图1.18）。与韩国极其相似的是，这些国家的临时性就业工作者往往在获得劳动力市场支持（如失业保险）方面受到的保障相对较差。因此，非正规就业工作者在两方面处于不利地位：一是在就业稳定性方面，二是在获得充足的社会福利和积极的劳动力市场支持方面。

通常，政策制定者会通过各种合法的渠道采取措施来促进就业增长，并将劳动力资源从生产力不高的部门重新分配至生产力相对更高的部门。不过，同时也必须采取一定程度的管制措施，以避免工人遭到随意解雇，并确保企业消化劳动力变化的部分社会成本。此外，设计不良的放松管制措施（如鼓励仅聘用非正规就业工作者，即临时工）只会加剧这些临时就业工作者和正式就业工作者之间现有的差距。

事实上，劳动力市场改革应该首先考虑工作岗位的质量和工作岗位的数量。其次，鉴于目前劳动力市场的调节机制对非正规就业工作者会造成更大的不利影响，劳动力市场改革应该为这些工作者提供更好的社会保障，包括采取措施促进使其更好地从非正规就业转向正规就业。最后，正如以上及第三章中将要讨论的，在促进劳动力资源的有效（再）分配和同时实现各种就业和社会目标方面，各种积极和被动的劳动力市场计划均发挥着至关重要的作用。

四、保持经济增长的再平衡：贸易和消费的作用

如果不进行结构性的调整，就不可能实现可持续的经济复苏。必须保持发达经济体中的贸易逆差国家和发展中经济体中的贸易顺差国家之间在国际贸易和消费方面的再平衡。第四章将重点阐述两大挑战。第一个挑战是贸易顺差国家采取提高国内消费和降低储蓄利率的政策所面临的挑战。我们对不同的政策情形及其

---

1 有关在当前危机背景下内部灵活性和就业保护立法作用的具体信息，参见埃希霍斯特等人（即将发表）。

2 在过去20年间，经济合作与发展组织国家有关临时就业的平均就业保护立法水平从2.5降至1.8，下降了0.7，而正规就业的这一数据仍然大体保持不变。

专栏 1.2　历次危机期间对劳动力市场管制的放松：以韩国为例

1997 年底，亚洲爆发了金融危机。韩国政府向国际货币基金组织寻求财政支持，并同意了总价值 568 亿美元的救助贷款计划。作为回报，韩国必须遵从国际货币基金组织的部分要求，包括实行紧缩货币和财政政策、贸易和资本市场自由化以及经济改革（主要是对韩国的综合企业财团进行大力重组）。同时，韩国政府还必须实施劳动力市场的诸多改革，尤其是明显放松对有关集体解雇和聘用临时工的管制措施（在 1998 年，使临时工作代理机构合法化）。

在 1997 年亚洲金融危机后的一年内，韩国的总就业保护立法指数从 2.7 下降至 2.0。这种变化在促进就业总体增长的同时，也导致了劳动力市场出现一定程度的分化，其中新增就业岗位以临时性工作为主（图 1.17）。尤其是在亚洲金融危机之后，非正规就业工作者的工作质量出现了下降：

- 2008 年，非正规就业工作者的平均时薪与正规就业工作者的平均时薪之比为 68.0%。
- 接近一半的非正规就业工作者在一年后仍在非正规就业岗位工作，仅有 33.7% 转入正规就业。
- 不到 40% 的非正规就业工作者获得就业保险和国家养老金制度的保障，而正规就业工作者的可比数据分别为 66% 和 77%。
- 非正规就业工作者的加入工会的比例极低，仅为 2.7%，而正规就业工作者的这一比例达到 23.7%。因此，非正规就业工作者往往被排除在劳资双方的集体谈判之外。

图 1.17　韩国按照工作者类型划分的就业份额，1996—2002 年（百分比）

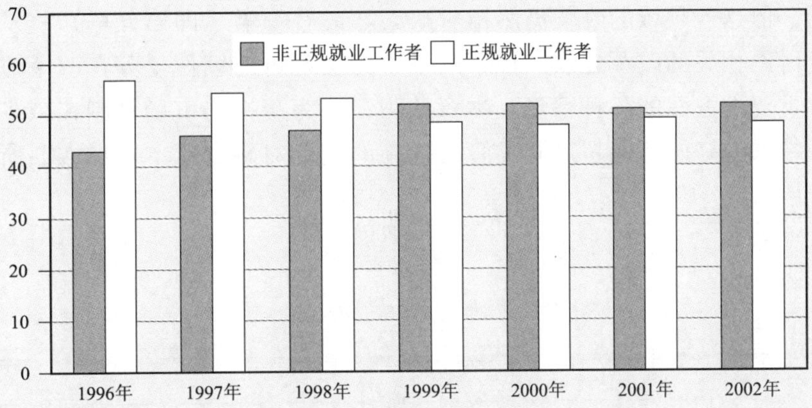

注：非正规就业工作者包括临时工和按天上班的工作者，通常按合同类型进行划分。

资料来源：韩国国家统计局《经济活动人口调查》。

有效性进行了模拟分析。第二个挑战是保持贸易顺差国家的贸易再平衡，包括促进南南贸易所面临的挑战。这些国家主要面向发达国家市场出口价格敏感的劳动密集型产品。不过，要解决出口依赖型经济的脆弱性问题，还必须采取更为广泛的产业政策和劳动力市场政策。

图 1.18　目前危机期间，按照就业类型划分的就业丧失（百分比）

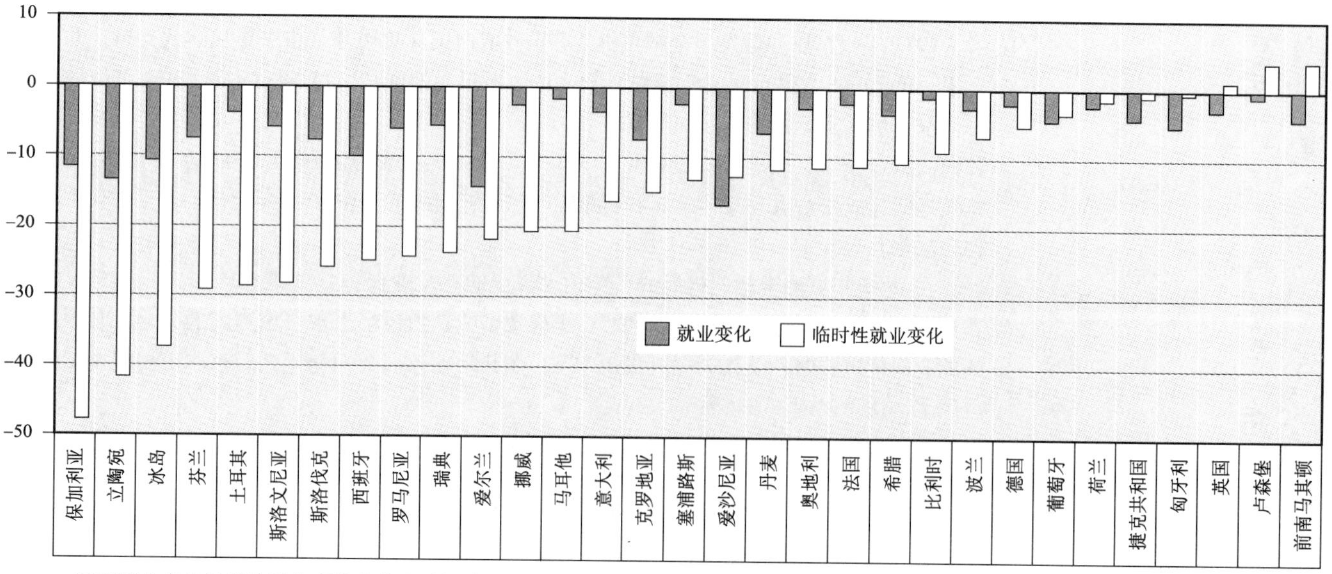

＊ 临时就业变化是指从峰值到谷底的变动幅度（按季度计算）；未达到谷底的，则采用最新提供的信息。危机爆发的具体时间在各国不同，按照总体就业人口出现负增长的第一个时期进行计算。

资料来源：国际劳工研究所基于欧盟劳动力调查和各国数据得出的估算值。

五、改革金融行业

最后，金融行业在引发危机——以及对劳动力市场的破坏性影响——方面具有很大的作用，但这一领域的改革仍然相对缺乏。最后一章（即第五章）将从更为广泛的角度讨论相关的改革建议。该章列举了为实现可持续性复苏在改革方案及其影响以及重要性方面的各种情形。本章认为，更为严格的市场管制在减少经济波动方面所带来的好处可能超过此类管制措施的变化对融资成本增加方面所带来的影响。

附录 A
按照复苏类型和收入水平划分的国家类别

国家 （英文缩写）	收入水平类别[1]
保加利亚（BGR）	上中等收入，3
捷克共和国（CZE）	高收入，4
爱沙尼亚（EST）	高收入，4
希腊（GRC）	高收入，4
爱尔兰（IRL）	高收入，4
牙买加（JAM）	上中等收入，3
立陶宛（LTU）	上中等收入，3
前南马其顿（MKD）	上中等收入，3
摩尔多瓦（MDA）	下中等收入，2
荷兰（NLD）	高收入，4
罗马尼亚（ROU）	上中等收入，3
塞尔维亚（SRB）	上中等收入，3
新加坡（SGP）	高收入，4
特立尼达和多巴哥（TTO）	高收入，4
英国（GBR）	高收入，4
阿尔巴尼亚（ALB）	下中等收入，2
阿根廷（ARG）	上中等收入，3
澳大利亚（AUS）	高收入，4
奥地利（AUT）	高收入，4
白俄罗斯（BLR）	上中等收入，3
比利时（BEL）	高收入，4
巴西（BRA）	上中等收入，3
加拿大（CAN）	高收入，4
智利（CHL）	上中等收入，3
中国（CHN）	下中等收入，2
克罗地亚（HRV）	高收入，4
塞浦路斯（CYP）	下中等收入，2
丹麦（DNK）	高收入，4
埃及（EGY）	下中等收入，2
芬兰（FIN）	高收入，4
法国（FRA）	高收入，4
德国（DEU）	高收入，4
冰岛（ISL）	高收入，4
印度尼西亚（IDN）	下中等收入，2
以色列（ISR）	高收入，4
意大利（ITA）	高收入，4
约旦（JOR）	下中等收入，2
哈萨克斯坦（KAZ）	上中等收入，3
韩国（KOR）	高收入，4
拉脱维亚（LVA）	上中等收入，3
马来西亚（MYS）	上中等收入，3
马耳他（MLT）	高收入，4
摩洛哥（MAR）	下中等收入，2
新西兰（NZD）	高收入，4
挪威（NOR）	高收入，4
波兰（POL）	上中等收入，3
葡萄牙（PRT）	高收入，4
斯洛伐克（SVK）	高收入，4
斯洛文尼亚（SVN）	高收入，4
南非（ZAF）	上中等收入，3
西班牙（ESP）	高收入，4
斯里兰卡（LKA）	下中等收入，2
瑞典（SWE）	高收入，4
瑞士（CHE）	高收入，4
泰国（THA）	下中等收入，2
土耳其（TUR）	上中等收入，3
乌克兰（UKR）	下中等收入，2
美国（USA）	高收入，4
委内瑞拉（VEN）	上中等收入，3
哥伦比亚（COL）	上中等收入，3
厄瓜多尔（ECU）	下中等收入，2
匈牙利（HUN）	高收入，4
日本（JPN）	高收入，4
卢森堡（LUX）	高收入，4
毛里求斯（MUS）	低收入，1
墨西哥（MEX）	上中等收入，3
秘鲁（PER）	上中等收入，3
菲律宾（PHL）	下中等收入，2
俄罗斯联邦（RUS）	上中等收入，3

1 收入类别是按照世界银行国家分类，按人均国民总收入来划分的，见http://go.worldbank.org/K2CKM78CC0。高收入国家是指人均国民总收入达到11906美元或以上的国家；上中等收入国家是指人均国民总收入在3855—11905美元之间的国家；下中等收入国家是指人均国民总收入在976—3856美元之间的国家。

附录 B
金融危机对就业的影响：实证分析

本章第二节提供了从 2010 年到 2015 年的就业预测，这些预测是基于过去经历了危机的，并且拥有足够的历史时间序列数据的国家的情况：

- 高收入国家：对本组的计量经济分析是基于 22 个国家、26 次危机[1] 和 737 个观测值。本组国家包括：澳大利亚、加拿大、捷克共和国、丹麦、爱沙尼亚、芬兰、法国、德国、匈牙利、冰岛、以色列、意大利、日本、韩国、新西兰、挪威、葡萄牙、斯洛伐克、西班牙、瑞典、英国和美国。[2]
- 上中等收入国家：基于 26 个国家和 33 次危机：对于阿尔及利亚、阿根廷、白俄罗斯、巴西、保加利亚、智利、哥伦比亚、哥斯达黎加、多米尼加共和国、牙买加、哈萨克斯坦、拉脱维亚、立陶宛、前南马其顿、马来西亚、毛里求斯、墨西哥、巴拿马、波兰、罗马尼亚、俄罗斯联邦、塞尔维亚、苏里南、土耳其、乌拉圭和委内瑞拉，在本次分析中考虑了 211 个观测值。[3]
- 下中等收入国家：基于 17 个国家和 21 次危机：对于阿尔巴尼亚、亚美尼亚、玻利维亚、中国、厄瓜多尔、埃及、萨尔瓦多、格鲁吉亚、洪都拉斯、印度、印度尼西亚、摩尔多瓦、尼加拉瓜、巴拉圭、菲律宾、斯里兰卡和泰国，在本次分析中考虑了 115 个观测值。[4]

这些预测利用了产出—就业弹性值，这是通过对过去金融危机对就业的影响

---

1 在对本组的分析中考虑了以下危机：澳大利亚，1989—1992 年；加拿大，1983—1985 年；捷克共和国，1996—2000 年；丹麦，1987—1992 年；爱沙尼亚，1998 年；芬兰，1991—1995 年；法国，1994—1995 年；德国，20 世纪 70 年代后期；匈牙利，1991—1995 年；冰岛，1975 年和 1989 年；以色列，1977 年和 1985 年、1981 年、1990—1995 年；日本，1997—2001 年；韩国，1997—1998 年；新西兰，1987—1990 年；挪威，1991—1993 年；葡萄牙，1983 年；斯洛伐克，1998—2000 年；西班牙，1977—1981 年；瑞典，1991 年；英国，1974—1976 年、20 世纪 80 年代—90 年代；美国，1998 年。所有涉及的危机都是在拉埃文和瓦伦西亚（2010 年和 2008 年）研究的基础上进行划分的。

2 请注意高收入组别比其他组别包含更多的观测值，因为对前者的分析是基于季度信息而非年度信息。

3 在对本组的分析中考虑了以下危机：阿尔及利亚，1990—1994 年；阿根廷，1989—1991 年、1995 年、2001—2003 年；白俄罗斯，1995 年；巴西，1994—1998 年；保加利亚，1996—1997 年；智利，1981—1985 年；哥伦比亚，1982 年、1998—2000 年；哥斯达黎加，1987—1991 年、1994—1995 年；多米尼加共和国，2003—2004 年；牙买加，1996—1998 年；哈萨克斯坦，1999 年；拉脱维亚，1995—1996 年；立陶宛，1995—1996 年；马其顿，1993—1995 年；马来西亚，1997—1999 年；毛里求斯，1996 年；墨西哥，1994—1996 年；巴拿马，1988—1989 年；波兰，1992—1994 年；罗马尼亚，1990—1992 年；俄罗斯联邦，1998 年；塞尔维亚，2000 年；苏里南，1990 年；土耳其，1982—1984 年、2000 年；乌拉圭，1981—1985 年、2002—2005 年；委内瑞拉，1994—1998 年、2002 年。

4 在对本组的分析中考虑了以下危机：阿尔巴尼亚，1994 年；亚美尼亚，1994 年；玻利维亚，1986 年；玻利维亚，1994 年；中国，1998 年；厄瓜多尔，1982—1986 年；埃及，1990 年；萨尔瓦多，1989—1990 年；格鲁吉亚，1999 年；洪都拉斯，1990 年；印度，1993 年；印度尼西亚，1997—2001 年；摩尔多瓦，1999 年；尼加拉瓜，1990—1993 年、2000—2001 年；巴拉圭，2002 年；菲律宾，1983—1986 年、1997—2000 年；斯里兰卡，1989—1991 年；泰国，1983 年、1997—2000 年。

表 A2.1　回归分析中采用的变量的定义及其资料来源

变量	定义	资料来源
GDP 年度增长率	按本国货币计算得出的实际 GDP 年度增长率	国际劳工研究所依据国际货币基金组织 2010 年 4 月《世界经济展望》（WEO）的计算结果
GDP 季度增长率	按本国货币计算得出的实际 GDP 季度增长率	国际货币基金组织，国际金融统计数据库以及经济合作与发展组织第 87 期《经济展望》
高收入国家的就业增长	就业总人数的季度增长率	经济合作与发展组织，第 87 期《经济展望》
上中等收入国家的就业增长	就业总人数的年度增长率	国际劳工组织，劳工统计数据库
下中等收入国家的就业增长	就业总人数的年度增长率	国际货币基金组织，国际金融统计数据库
发生金融危机的频率	所分析国家发生金融危机的时间范围	作者基于拉埃文和瓦伦西亚（2010 年和 2008 年）的研究得出的估算数据

表 A2.2　回归结果[1,2]

项目	高收入	上中等收入	下中等收入
GDP（年度增长率）	0.0238 (3.39)**	0.2785 (5.69)**	0.0481 (0.61)
GDP 的滞后值 1	0.0311 (4.16)**		0.2624 (3.45)**
GDP 的滞后值 2	0.0347 (4.52)**		
GDP 的滞后值 3	0.0289 (3.75)**		
GDP 的滞后值 4	0.0124 (1.68)*		
GDP 的滞后值 5	0.0126 (1.88)*		
常量	0.0123 (0.37)	0.4126 (1.51)	0.3731 (0.81)
固定效应	是	是	是
观测值	737	211	115
危机数量	26	33	21

1　基于普通最小二乘法估计。所有回归都针对国家固定效应进行控制。圆括号中为 t－统计数据的绝对值。显著性水平：* 5% 为显著；** 1% 为显著。

2　国家组别参见本书第 26 页脚注 2—4，以及第 29 页腿注 1。

表 A2.3 替代估计值[1,2]

第一组：高收入国家

	基线方程（异方差性）	广义最小二乘估计	广义最小二乘估计（异方差性）	广义最小二乘估计（自相关误差）
GDP（年度增长率）	0.0238 (3.39)**	0.0291 (4.05)**	0.0658 (6.31)**	0.0571 (6.17)**
GDP 的滞后值 1	0.0311 (4.16)**	0.0397 (5.27)**	0.0839 (8.29)**	0.0840 (8.28)**
GDP 的滞后值 2	0.0347 (4.52)**	0.0455 (5.98)**	0.0724 (7.21)**	0.0756 (7.26)**
GDP 的滞后值 3	0.0289 (3.75)**	0.0399 (5.28)**	0.0669 (6.72)**	0.0673 (6.48)**
GDP 的滞后值 4	0.0124 (1.68)*	0.0207 (2.82)**	0.0407 (4.09)**	0.0427 (4.19)**
GDP 的滞后值 5	0.0126 (1.88)*	0.0167 (2.42)*	0.0223 (2.21)**	0.0235 (2.56)**
常量	0.0123 (0.37)	-0.0233 (-0.69)	-0.1517 (-6.96)	-0.1529 (-4.99)
观测值	737	737	737	737
危机数量	26	26	26	26

第二组：上中等收入国家

	基线方程（异方差性）	广义最小二乘估计	广义最小二乘估计（异方差性）	广义最小二乘估计（自相关误差）
GDP（年度增长率）	0.2785 (5.69)**	0.3140 (6.70)**	0.3063 (9.21)**	0.3025 (8.95)**
常量	0.4126 (1.51)	0.3165 (1.11)	0.4423 (2.24)*	0.4303 (1.98)*
观测值	211	211	211	211
危机数量	33	33	33	33

第三组：下中等收入国家

	基线方程（异方差性）	广义最小二乘估计
GDP（年度增长率）	0.0481 (0.61)	0.0138 (0.18)
GDP 的滞后值 1	0.2624 (3.45)**	0.2536 (3.20)**
常量	0.3731 (0.81)	0.2829 (0.60)
观测值	115	115
危机数量	21	21

1 所有回归都针对国家固定效应进行控制。圆括号中为 t-统计数据的绝对值（在自回归测试中为 z-统计数据）。显著性水平：*5%为显著；**1%为显著。

2 国家组别参见本报告第 20—29 页的脚注。

进行计量经济学分析的方法估计出来的。这些预测通过将每个国家组别的就业弹性应用于国际货币基金组织的各国 GDP 增长预测得到（从 2010 年起）。[1] 在此意义上，这种方法考虑了来自滞后 GDP 增长率的所有统计上显著的局部弹性，具体做法是将它们按国家应用于相应时期的 GDP 增长率。

就业增长（e_{it}^{L}）对 GDP 变化的弹性是通过对上面列出的三组国家使用奥肯规则面板回归（按照埃斯库德罗 2009 年提出的方法）计算得到的。分别就每组国家独立对下式中的变量进行估计：

$$(1)\quad e_{it}^{L} = \beta_1 Y_{it} + \beta_2 Y_{it-n} + \varepsilon_{it}$$

其中，L_{it} 相当于年度（对高收入国家是季度）就业增长率，而 ΔY_{it} 是解释变量，通过被分析国家 GDP 年度（对高收入国家是季度）增长率来测量。估算中包括了一个或更多的 GDP 滞后增长率，这取决于分析的是哪一组国家。表 A2. 1 归纳了所使用的不同变量及其资料来源和定义。

为了构造面板模型，危机年份前后的就业增长率数据集合在一起并以 t_0 为中心。这一特定危机的中心时期代表国家经历最低 GDP 年度/季度增长率的年份。通过这种方法，高收入国家在过去危机的复苏阶段期间的平均 34 个就业增长值（$t-8$ 到 $t+25$）与上中等收入和下中等收入国家在过去危机的复苏阶段期间的九个就业增长值（$t-2$ 到 $t+6$）构成了一个面板模型。表 A2. 2 所示为表述这些弹性的计量经济学估值的综述。

考虑到数据集合的独特性，再次开展了回归计算对异方差性进行解释。为确保一个或多个国家没有对结果造成影响，通过一次减少一个被分析国家的方法估计缩减的回归。此外，表 A2. 3 所示为广义最小二乘法估计值和对自相关误差项的控制变量。在表 A2. 3 的所有组别中可以看到，所有系数均维系在高显著水平，而且不同的估计方法之间的估计效应的绝对大小几乎没有变化，这给定了估计效应的置信区间。

参考文献

Arulampalam, W. 2001. "Is unemployment really scarring? Effects of unemployment experiences on wages", in *Economic Journal*, Vol. 111, No. 475, pp. F585–606.

Attanasio, O.; Pellerano, L.; Polania, S. 2008. *Building trust: Conditional cash transfers and Social Capital*, Working Paper No. 08/02 (London, The Institute for Fiscal Studies).

Bell, D.N.F; Blanchflower, D.G. 2010. *Youth unemployment: Déjà vu?*, Discussion Paper, No. 4705 (Bonn, Forschungsinstitut zur Zukunft der Arbeit / Institute for the Study of Labor).

—. 2009. *What should be done about rising unemployment in the UK?*, Discussion Paper, No. 4040 (Bonn, IZA - Forschungsinstitut zur Zukunft der Arbeit / Institute for the Study of Labor).

Bender, S.; Dustmann, C.; Margolis, D.; Meghir, C. 1999. *Worker displacement in France and Germany*, Working Paper No. 99/14 (London, The Institute for Fiscal Studies).

1　国际货币基金组织对特定国家的年度预测利用“有效周期利率”计算转换成季度增长率，然后用于确定高收入国家组别的未来就业的季度增长率。

Bentolila, S. et al. 2010. *Unemployment and temporary jobs in the crisis: Comparing France and Spain*, paper prepared for the 2009 FEDEA Annual Policy Conference, Madrid, 28-30 Oct. 2009.

Biewen, M.; Steffes, S. 2008. *Unemployment persistence: Is there evidence for stigma effects?*, ZEW Discussion Paper No. 08-057 (Mannheim, ZEW – Zentrum für Europäische Wirtschaftsforschung / Centre for European Economic Research).

Björklund, A. 1981. *Studies in the dynamics of unemployment,* dissertation (Stockholm, Stockholm School of Economics).

Burgess, S. et al. 2003. "The class of 1981: The effects of early career unemployment experiences", in Labour Economics, Vol. 10, pp. 291–309.

Deelen, A.; Jongen, E.; Visser, S. 2006. *Employment protection legislation: Lessons from theoretical empirical studies for the Dutch case*, CPB Document No. 135 (The Hague, CPB - Centraal Planbureau / Netherlands Bureau of Economic Policy Analysis).

Dhillon, N.; Yousef, T. 2009. *Generation in waiting: The unfulfilled promise of young people in the Middle East* (Washington, DC, Brookings Institution Press).

DiPrete, T. 2002. "Life course risks, mobility regimes, and mobility consequences: A comparison of Sweden, Germany, and the United States", in *American Journal of Sociology*, Vol. 108, No. 2, pp. 267–309.

Eichhorst, W.; Escuder, V.; Marx, P.; Tobin, S. Forthcoming. *The impact of the crisis on employment and the role of labour market institutions*, Discussion Paper No. 202 (Geneva, International Institute for Labour Studies, ILO).

Escudero, V. 2009. *Effects of the crisis on the financial sector: Trends and policy issues,* Discussion Paper No. 197 (Geneva, International Institute for Labour Studies, ILO).

Fares, J.; Tiongson, E.R. 2007. *Youth unemployment, labor market transitions, and scarring: Evidence from Bosnia and Herzegovina, 2001–04*, Policy Research Working Paper Series No. 4183 (Washington, DC, World Bank).

Fawcett, C. 2002. *Latin American youth in transition: A policy paper on youth unemployment in Latin America and Caribbean*, Working Paper (Washington, DC, Sustainable Development Department, Inter-American Development Bank).

Gartell, M. 2009. "Unemployment and subsequent earnings for Swedish college graduates: A study of scarring effects", Working Paper No. 2 (Stockholm, Institutet för Framtidsstudier / Institute for Futures Studies).

Gregg, P.; Tominey, E. 2005. "The wage scar from male youth unemployment" in *Labour Economics*, Vol. 12, pp. 487–509.

Guarcello, L. et al. 2005. *School to work transitions in Georgia: A preliminary analysis based on household budget survey data*, Understanding Children's Work Project Working Paper Series (Rome, University of Rome Tor Vergata).

Ha, B.J.; McInerney, C.; Tobin, S.; Torres, R. 2010. *Youth employment in crisis*, Discussion Paper No. 201 (Geneva, International Institute for Labour Studies, ILO).

Hipple, S. 1999. "Worker displacement in the 1990s", in *Monthly Labor Review*, Vol. 122, pp. 15–32.

International Labour Office (ILO). 2010a. *Employment and labour market adjustments in G20 countries during 2007–09 and outlook for 2010: A statistical overview* (Geneva), Apr.

—. 2010b. *Global employment trends for Youth* (Geneva), Aug.

—. 2010c. *Social security around the world: Facts and figures* (Geneva, ILO Social Security Department).

—. 2010d. *Global Wage Report* (Geneva, forthcoming).

—. 2009a. *Panorama laboral*: 2009. (Lima, ILO Regional Office for Latin America and the Caribbean).

—. 2009b. *World of work report 2009: The global jobs crisis and beyond* (Geneva, International Institute for Labour Studies).

—. 2009c. *The financial and economic crisis: A decent work response* (Geneva, International Institute for Labour Studies).

—. 2008a. *Global employment trends for youth* (Geneva), Oct.

—. 2008b. *World of work report 2008: Income inequalities in the age of financial globalization* (Geneva, International Institute for Labour Studies)
International Monetary Fund (IMF). 2010. *World Economic Outlook: Rebalancing growth*, April (Washington, DC).
—. 2009. *World Economic Outlook: Crisis and recovery* (Washington, DC).
Kieselbach, T. 2000. *Long-term unemployment among young people in Europe: A qualitative comparative study on the risk of social exclusion*, paper presented at the EU Cluster Workshop on Unemployment, Work and Welfare, Brussels, 9–11 Nov.
Kletzer, L.; Fairlie, R.W. 2003. "The long-term costs of job displacement for young adult workers", in *Industrial and Labor Relations Review*, Vol. 56, No. 4, pp. 682–698.
Kugler, A.; Saint-Paul, G. 2004. "How do firing costs affect worker flows in a world with adverse selection?", in *Journal of Labor Economics*, Vol. 22, No. 3, pp. 553–584.
Laeven, L.; Valencia, F. 2010. *Resolution of banking crises: The good, the bad, and the ugly*, Working Paper No. 146 (Washington, DC, IMF).
—. 2008. *Systemic banking crises: A new database*, Working Paper No. 224 (Washington, DC, IMF).
Lee, E. 1998. *The Asian financial crisis: The challenge for social policy* (Geneva, ILO).
Lupi, C.; Ordine, P. 2002. "Unemployment scarring in high unemployment regions", in *Economics Bulletin*, Vol. 10, No. 2, pp. 1–8.
Martin, P. 2009. *The recession and migration: Alternative scenarios*, Working Paper 13 (London, International Migration Institute, University of Oxford).
Matsumoto, M.; Elder, S. 2010. *Characterizing the school-to-work transitions of young men and women: Evidence from the ILO school-to-work transition surveys*, Employment Working Paper Series No. 51 (Geneva, Employment Policy Department, ILO).
Mincer, J.; Polachek, S. 1974. "Family investment in human capital: Earnings of women", in *Journal of Political Economy*, Vol. 82, No. 2, pp. S76–S108.
Möller, J.; Walwei, U. 2009. "Crisis analysis and recommendations: The German labour market miracle on the test block", in *IAB-Forum Spezial 2009*, Special Issue, pp. 4–11 (Nuremberg, Institut für Arbeitsmarkt und Berufsforschung (IAB) der Bundesagentur für Arbeit (BA)/ Institute for Employment Research of the German Federal Employment Agency.
Mroz, T.A.; Savage, T.H. 2006. "The long-term effects of youth unemployment", in *Journal of Human Resources*, Vol. 41, No. 2, pp. 259–293.
Nordström Skans, O. 2004. *Scarring effects of the first labour market experience: A sibling based analysis*, Working Paper Series No. 14 (Uppsala, Institutet för arbetsmarknadspolitisk utvärdering (IFAU) / Institute for Labour Market Policy Evaluation).
O'Higgins, N. 2010. The impact of the economic and financial crisis on youth employment: Europe and North America (Geneva, Employment Sector, ILO).
Oreopoulos, P.; von Wachter, T; Heisz, A. 2008. *The short and long-term career effects of graduation in a recession: Hysteresis and heterogeneity in the market for college graduates*, IZA Discussion Paper No. 3578 (Bonn, Forschungsinstitut zur Zukunft der Arbeit / Institute for the Study of Labor).
Organisation for Economic Cooperation and Development (OECD). 2010. *Economic outlook, No. 87* (Paris), June.
—. 2009. *Economic outlook, No. 86* (Paris), Dec.
—. 2008. *OECD Employment Outlook 2008* (Paris).
Pissarides, C.A. 1992. "Loss of skill during unemployment and the persistence of employment shocks", in *Quarterly Journal of Economics*, Vol. 107, pp. 1371–1391.
Quintini, G.; Martin, J.; Martin, S. 2007. *The changing nature of school-to-work transition process in OECD countries*, IZA Discussion Paper No. 2582 (Bonn, (Bonn, Forschungsinstitut zur Zukunft der Arbeit / Institute for the Study of Labor).
Scarpetta, S.; Sonnet, A.; Manfredi, T. 2010. *Rising youth unemployment during the crisis: How to prevent negative long-term consequences on a generation?*, OECD Social, Employment and Migration Papers No. 106 (Paris, OECD).
Sengenberger, W. 2005. *Globalization and social progress: The role and impact of international labour standards* (Bonn, Friedrich-Ebert-Stiftung).

Silatech. 2010. *The Silatech Index: Voices of young Arabs* (Qatar).
Stevens, A. 1997. "Persistent effects of job displacement: The importance of multiple job losses", in *Journal of Labor Economics*, Vol. 15, No. 1, pp. 165–188.
Tokman, V.E. 1992. *Beyond regulation: The informal sector in Latin America* (Boulder, CO, Lynne Rienner Publishers).
United Nations. 2010. *World economic situation and prospects 2010* (New York, UN/DESA).
Venn, D. 2009. *Legislation, collective bargaining and enforcement: Updating the OECD employment protection indicators*, OECD Social, Employment and Migration Working Papers No. 89 (Paris).
Verick, S. 2009. *Who is hit hardest during a financial crisis? The Vulnerability of young men and women to unemployment in an economic downturn*. IZA Discussion Paper No. 4359 (Bonn, Forschungsinstitut zur Zukunft der Arbeit/Institute for the Study of Labor).
World Bank. 2007. *World Development Report 2007: Development and the Next Generation* (Washington D.C., World Bank).

第二章
全球社会环境：政策趋势与挑战*

主要研究成果

- 最近的调查数据表明，全球普遍出现生活满意度下降的情况，而历史数据显示，这种下降幅度前所未有。与20世纪80年代和90年代的数据相比，部分西欧发达经济体与中欧和东欧经济体的生活满意度下降情形最为严重。
- 正如那些认为政策公平或者政策能够实现更美好未来的人数日益下降一样，人们对政府的信心也在下跌。这些趋势在发达经济体中最为普遍。在西欧国家，有观点认为，政治极端主义与社会不满情绪均日益增长。在拉丁美洲，认为社会不公平的人数也在增加；在亚洲，持这种观点的人数则一直居高不下；在撒哈拉沙漠以南非洲，此类人数相对较少。
- 至少25个国家曾发生过与金融和经济危机相关的且有据可查的社会动荡事件。这些动荡事件的表现形式为：针对政府的危机应对措施以及旨在修复政府资产负债表的紧缩措施进行抗议，对雇主进行的抗议，政府与抗议者之间发生的暴力冲突。政府试图控制危机造成的影响，但与此同时，政府与公民之间的社会契约也在经受考验。
- 实证分析表明，失业率上升与收入不均是导致社会动荡事件日益增多的关键因素。与国民生产总值本身的下滑相比，这两个因素在确定社会动荡风险的过程中具有更为重要的作用。这些结论强调了与《全球就业协议》主旨相一致的、基于可产生大量就业和平衡性战略的危机应对措施的重要性。
- 长期目标应为在提高效率的同时——特别是通过金融改革提高效率（参见第五章）——缩小收入差距。危机导致失业率上升，而失业率的上升造成处于收入分配底部的民众收入相对于中等收入的差距拉大，这转而加剧了收入的不平等。为恢复全球社会环境的健康性，重要的一点是，解决不断加剧的收入不均现象。此外，为缩小不断扩大的收入差距，还应当重点加强和完善再分配政策，尤其是累进税制以及更完善的社会保障制度等。

* 特别感谢菲利浦·C. 巴斯蒂安所提供的出色的研究协助工作。

引言

金融和经济危机爆发之后，全球社会环境面临多重风险，尤其是失业率不断上升以及就业增长率疲软的风险。正如第一章所述，尽管经济自2009年下半年起有了复苏的迹象，但预计就业增长率仍将停滞不前，如果计入不断增长的适龄工作人口的因素，则形势更为严峻。国际劳工组织的宗旨提出，工作是事关人们幸福的核心。工作除带来收入以外，还可提高个人、家庭以及社区的实力，为社会经济的广泛发展奠定基础。因此，失业现象成为影响全球社会环境的最重要的风险之一，这并不让人意外。危机还对低收入群体造成极大的影响，在经济扩张时期，低收入群体并未获得太多利益。因此，失业与不断加剧的收入差距对社会环境构成了威胁。[1]

然而，各种问题在困扰着对社会环境进行的讨论，最大的问题在于，没有衡量社会环境的单一指标。例如，生活满意度下降、工作满意度下降以及认为社会不公平的人数上升等，这些都是衡量社会环境诸多指标中的一部分，但同时还有其他多种指标来衡量社会的健康性。这些变量中，往往大部分都相互联系，结合在一起能够显示出社会环境的全貌。与此同时，以抗议政府的形式所表现出的社会动荡也是社会环境不健康的明显特征。在本章中，社会动荡是指，针对政府的危机应对措施以及旨在修复政府资产负债表紧缩的措施所进行的抗议，对雇主的抗议和政府与抗议者之间发生的暴力冲突等。本章主要目的是，通过利用涉及多个社会指标的最新数据，对危及全球社会环境的风险与挑战进行实证性分析。

第一节叙述了自此次危机爆发以来150多个国家不同社会指标的发展趋势。这些指标包括对社会不公正的感受程度、对政府及政府控制危机能力的信任度、对个人生活水平正在提高的感受程度、生活满意度、工作满意度以及社会信任与幸福度等（见帕文，1973年；詹金斯，1983年；詹金斯和华莱士，1996年；奥斯瓦尔德，1997年；克拉克等，2008年）。与其他所有指标不同，诚信与幸福度的数据是危机前数据。第二节考查了上述指标与劳动力市场发展以及危机应对措施之间的关系，考察结果与之前研究的结果相一致（雷曼－威尔兹格和温加尔，1985年；沃尔顿和拉金，1990年；克拉克和奥斯瓦尔德，1994年；奥维宁，1996年；奥斯瓦尔德，1997年；玻尔和坦，2000年；克拉克等，2004年；诺里斯等，2005年；克拉克等，2006年）。本章最后一节呼吁根据《全球就业协议》（GJP）采取促进充分就业的关键性经济复苏措施，以降低社会环境所面临的风险。

第一节　危机爆发后的社会环境

我们采用了对150个国家和地区进行的全球性调查结果，以评估社会对危机的看法。从调查结果中搜集的指标很零散并且无必然相关性。虽然这些指标在不同国家间存在较大差异，但各个指标均指向一个总的趋势——全球社会经济的不安全感正日益增强。迄今为止，人们的不安全感尚未导致大规模群体性抗议或社

1　对于全球社会环境面临的更多威胁因素，参见：经济学人智库，2010年；欧洲委员会，2010年；联合国，2009年；经济合作与发展组织（即将发布）。

会动荡。

自危机爆发后，人们对于生活质量的悲观情绪有增无减……

随着经济不安全感的加深，人们也变得越发悲观。许多人表示，他们认为其正常生活水平在五年内不会有所改善。这种情形意义重大，因为这表明，尽管许多国家经济产量已经开始复苏，但人们仍然预计危机的余波挥之不去。

例如，2009 年，发达经济体中仅 32% 的受访者表示他们的生活水平正在提高，低于 2006 年的 48% （见图 2. 1）。在中欧和东欧以及中亚，认为生活水平正在提高的人数下降最为严重——2009 年，这些国家中仅有 25% 的受访者表示他们的生活水平正在提高，低于 2006 年的 40% 。在全球其他地区，认为生活水平正在提高的人数也在下滑。全球普遍趋势表明，人们对其国家过去两年间的所作所为并不满意。

从历史数据来看（见图 2. 2），这种下滑趋势史无前例。在西欧国家中，意大利人与西班牙人的生活满意度下降最为严重。在西班牙，这种下降的程度尤其剧烈，这反映了西班牙经济在 2006—2009 年期间的巨变——2006 年，西班牙经济高速发展，但在 2009 年，西班牙经济泡沫破裂并导致极高的失业率。

在其他发达经济体中，日本人的生活满意度下降最为严重。拉丁美洲及中欧和东欧国家民众的生活满意度也急剧下降。阿根廷与墨西哥曾一度遭遇了最为严重的下降，但这也可能是对其他近期政治事件的反映。同时，在东欧国家中，保加利亚与匈牙利也出现民众生活满意度严重下降的情形。

此外，在发达经济体中，人们担心其子女的未来保障达不到所期望的程度。当受访者被问及子女在该国是否有机会学习和成长时，在 2009 年做出肯定回答的人数比例低于 2005 年的数据。例如，在 2009 年，有 73% 的德国人表示其子女有机会学习和成长，低于 2005 年的 84% 。[1] 同样，在 2009 年，英国和美国大约有 80% 的受访者对子女的未来感到乐观，低于 2005 年的 90% 。

图 2. 1　对生活水平改善的看法，2009 年与 2006 年的对比

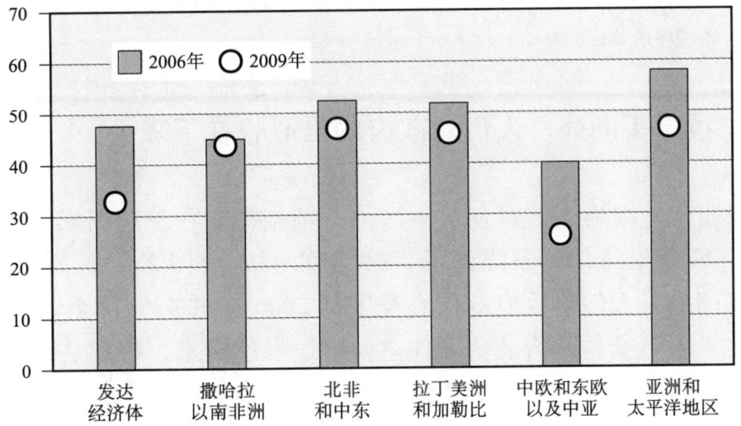

注：认为生活水平正在提高的受访者的百分比。

资料来源：国际劳工研究所，基于盖洛普世界民意调查数据。

1　资料来源：盖洛普世界民意调查数据，2010 年。

图 2.2 经济危机后，全球生活满意度普遍下降

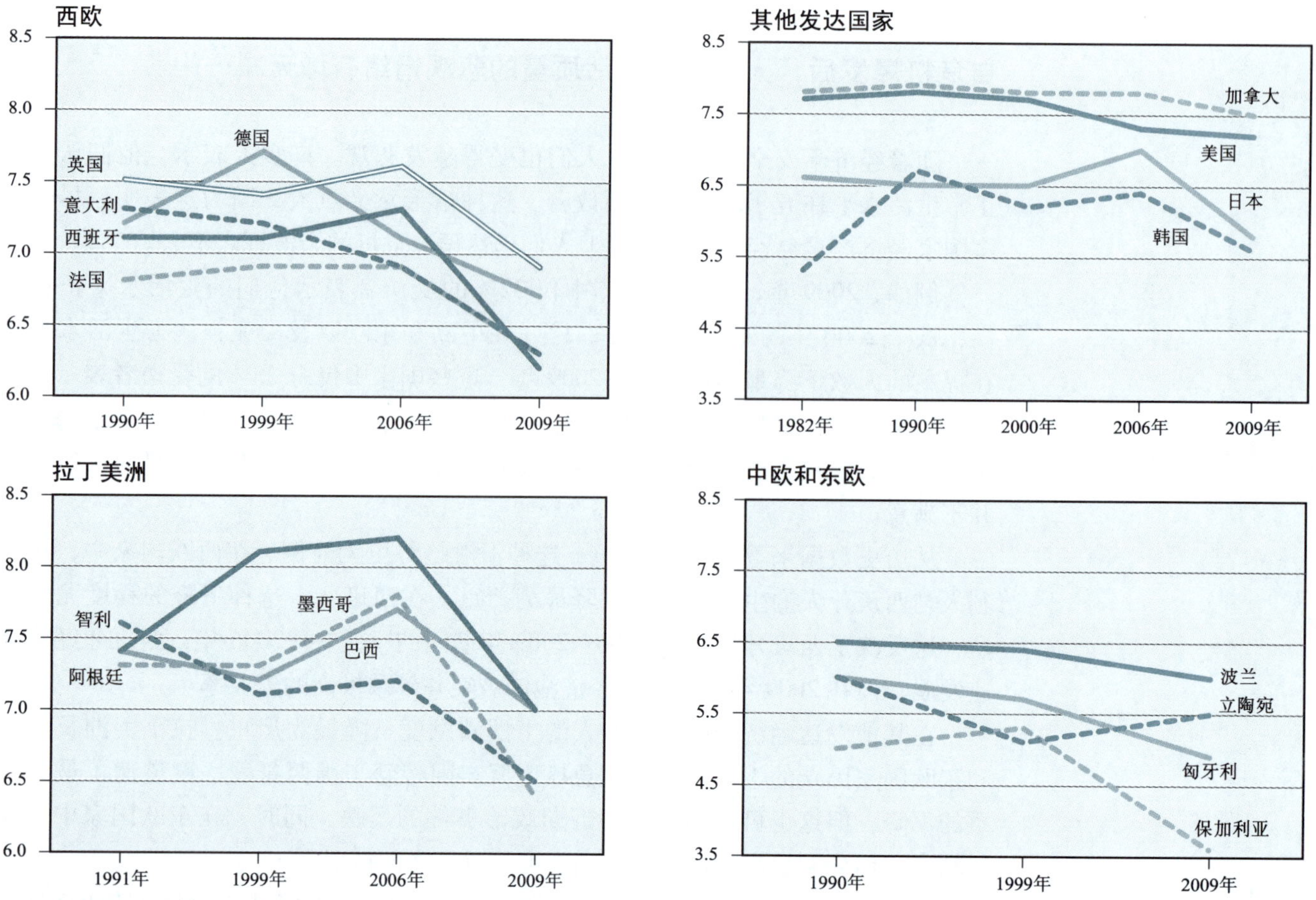

注：基于可获取历史数据的若干国家。

调查要求受访者用 0 到 10 来对其生活满意度评分。每个调查年度的平均值如图所示。调查以若干年为间隔进行，间隔期为五年到十年不等。

资料来源：国际劳工研究所，基于世界价值观调查和盖洛普世界民意调查数据。

在中欧和东欧以及亚洲，人们对子女的未来也不那么乐观，这种情形再度反映了这些国家受危机冲击的严重程度。但世界其他地区的人在这方面的态度未发生明显变化。在撒哈拉以南非洲、北非以及中东等地区，人们目前对于子女未来的乐观程度实际上还高于 2005 年。

……同时，除亚洲与拉丁美洲外，人们对政府的信心也在下降……

对政府的信心下降通常被视为人们对现状不满的一项指标。在发达国家，人们对政府的信心程度从 2006 年的 52% 下降到了 2009 年的 41% （图 2.3）。同样，在中欧和东欧以及中亚国家，人们对政府的信心程度从 2006 年的 43% 降至 2009 年的 38% 。最近爆发的几起社会与政治动荡事件主要限于发达国家，特别是欧盟国家，这种情形丝毫不会让人感到意外。在世界其他地区，人们对政府的信心程度既没有明显变化，也没有实质性的提高。

……在东欧与拉丁美洲的发达经济体中，感受到不公平的人数在增长。

经济不安全感日益增强，这种不安全感通过社会动荡的形式表现出来，这是

图 2.3　对政府信心的下降——发达经济体以及中欧和东欧经济体的情形尤其严重（百分比）

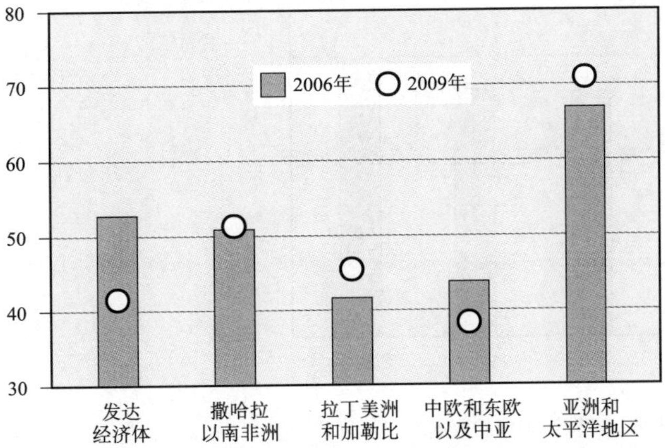

注：因北非和中东样本数量太少而将其排除在外。

数据来源：国际劳工研究所，基于盖洛普世界民意调查数据；调查于 2009 年展开。

图 2.4　不公平感的最新发展趋势（百分比）

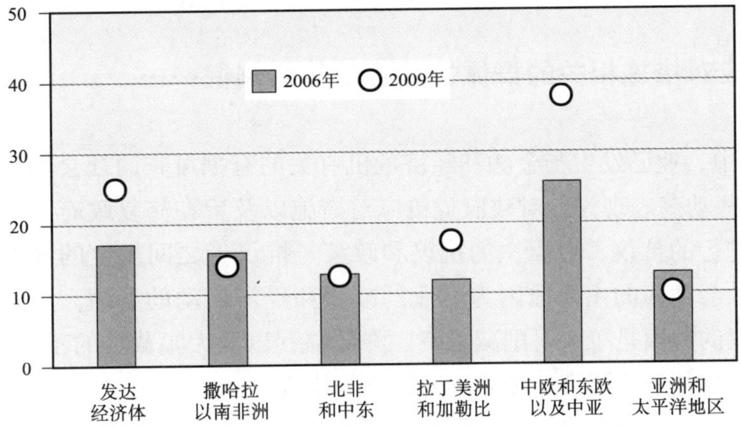

注：向受访者提出的问题是："本国人民是否可以通过努力工作获得成功?"；该图所示为回答是"否"的受访者的百分比。

数据来源：国际劳工研究所，基于盖洛普世界民意调查数据。

2008—2009 年金融和经济危机造成的一个更为明显的后果，但是，也存在其他潜在的且更隐蔽的后果。例如，在过去的两年间，人们的公平感受了极大的困扰。当受访者被问及是否可以通过努力工作获得成功时，在 2009 年作出否定回答的人数高于 2006 年（见图 2.4）。在发达经济体以及中欧和东欧国家，在 2006 年持不公平观点的人数已经处于较高水平，但在经济危机爆发后，认为不公平的人数进一步增长。例如，在希腊和意大利，盖洛普世界民意调查显示，有 40% 的受访者表示本国在 2009 年是"不公平"的。同样，这一比例在立陶宛和乌克兰分别为 64% 和 58%。

在发达经济体中，感觉社会不公平的人数增加，这似乎主要源自人们对政府救助银行与金融机构的普遍反对情绪（见图 2.5）。一方面，政府大谈控制公共开支以及加强财政整顿，另一方面，银行和金融机构巨额分红的消息却屡见报端。

图 2.5　公众对于政府救助银行业的反对情况（百分比）

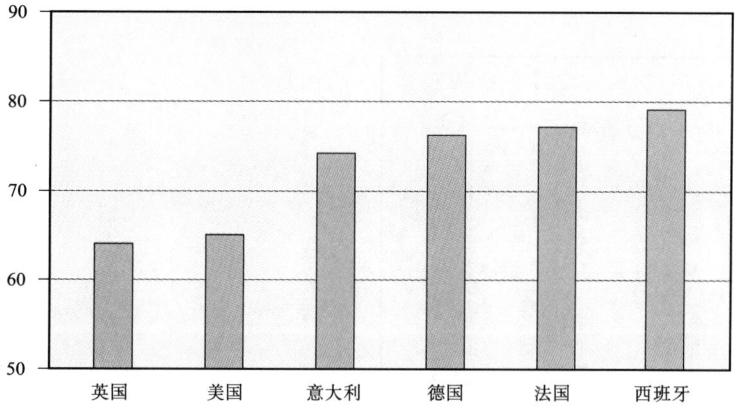

注：仅有法国、德国、意大利、西班牙、英国和美国的数据。

基于可获取数据的若干国家。

资料来源：基于哈里斯民意调查数据；调查于 2009 年 3 月展开。

政治家、工会和媒体人物利用民众的愤慨而进一步谋一己之私，而这更加深了公众的愤怒情绪。

已经出现了与危机应对措施相关的群体性社会动荡的端倪……

在至少 25 个国家中，业已发生与金融和经济危机有关的有据可查的社会动荡事件（见表 2.1）。这些动荡表现为针对政府危机应对措施以及旨在修复政府资产负债表的紧缩措施所进行的抗议，对雇主的抗议和政策与抗议者之间发生的暴力冲突。如前文所述，社会动荡的主要原因为就业的减少和经济活动的萎缩。与此同时，对雇主进行抗议的起因是工人对削减工资、降低福利以及大幅裁员的不满。但另一原因还指向旨在修复政府资产负债表的财政整顿措施。

为应对全球经济衰退，近 2% 的全球国民生产总值用于财政刺激措施（哈提瓦达，2009 年）。大多数国家推行扩张性财政与货币政策。然而，经济和金融活动仍持续低迷并转而引发税收的减少。随着税收减少以及公共开支的上升，公共债务急剧增加，发达经济体的情形尤其严重。2010 年 3 月，金融产品评级机构穆迪已经发出警告：如不能降低债务水平，即便是法国、德国、英国和美国等国家也可能面临降低其高级信用评级（高级信用评级能够使借款成本维持在国家可负担的水平）的风险（施耐德，2010 年）。为在全球金融市场保持竞争性并继续获得国际资本，许多国家宣布增加税收以及/或者减少开支等紧缩措施，这也是意料之中的。对欧盟（EU）而言，作为跨国货币，欧元的未来取决于欧盟国家是否能够控制公共开支。

在大力削减开支方面，最典型的代表为希腊。2010 年 5 月 1 日，希腊政府公布的紧缩政策包括削减公共部门工资、按比例减少退休雇员的养老金、将增值税从 21% 提高到 23%、取消公共部门的年度奖金（金额为两个月薪酬）以及对燃料、烟草和酒类增加 10% 的税收等。迄今为止，政府没有公布任何有关公共部门（希腊有 1/3 的雇员为公务员）裁员的规定。总体而言，税收增加与开支削减的总金额达到希腊国民生产总值的 10%。最乐观的估计，预计希腊也需要到 2012 年才能走出经济衰退的阴影。希腊工人和工会成员走上街头抗议紧缩措施，至 2010 年

表 2.1　有据可查的社会动荡事件，2009—2010 年

国家	公众对紧缩措施（削减开支）的抗议	对政府危机应对措施的抗议	对雇主的抗议[1]	暴力或财产损失
澳大利亚			×	
加拿大		×	×	×
巴西		×	×	
保加利亚	×		×	
智利		×	×	
中国			×	×
法国	×	×	×	×
德国	×		×	×
希腊	×	×	×	×
冰岛	×	×		
印度	×	×	×	
爱尔兰	×		×	×
意大利			×	
日本	×			
韩国			×	×
拉脱维亚	×			×
立陶宛	×			×
墨西哥			×	×
葡萄牙	×		×	
罗马尼亚	×	×		×
俄罗斯联邦		×	×	×
南非		×	×	×
西班牙	×	×		
泰国	×	×	×	×
土耳其	×		×	×
乌克兰		×	×	
英国		×	×	×
美国	×	×		

注：[1]　包括对作为其雇主的政府进行抗议的公共部门雇员。

一个“×”表示该地区有一起事件。

资料来源：国际劳工研究所，基于各国的资料。

夏季，抗议活动开始转变为暴力事件。希腊政府要求希腊人作出的牺牲是巨大的，这是对该国政治和社会凝聚力的切实考验。

包括爱尔兰、葡萄牙和西班牙在内的其他国家也面临着类似的压力。例如，在西班牙，各主要城市均出现工人对政府削减开支和提高退休年龄计划的激烈抗议活动。同样，针对政府冻结公共部门雇员薪酬的计划，葡萄牙频频发生民众强烈抗议事件。爱尔兰也出现人们对政府紧缩措施的抗议活动。在欧盟其他国家，人们认为政府显然没有能够应对危机，从而引发了不断的抗议。例如，在法国，工会已经加入了抗议活动，这些抗议活动针对的是政府实施的经济刺激措施，工会声称，这些措施不足以解决该国面临的劳动力市场和社会问题。同样，在意大利也出现了针对政府危机应对措施的公众抗议活动。

东欧地区的抗议活动尤其严重，因为在这十年期间，许多东欧经济体在初期发展迅速，但在危机中却遭受到重创。保加利亚、爱沙尼亚、拉脱维亚和立陶宛均爆发了大规模抗议活动，批评政府的经济控制能力。以拉脱维亚为例，2008 年第三季度至 2009 年第三季度期间，总就业率下降了近 16%，抗议活动的数量创下了自该国脱离苏联独立以来的历史之最。在这些国家宣布紧缩措施后，更多的抗议活动接踵而至。在罗马尼亚，政府宣布对国家部门雇员削减 25% 的薪水以及 15% 的失业津贴和养老金，以达到国际货币基金组织（IMF）一揽子救援计划的要求，此后，工会成员对此提出抗议。

尽管欧盟国家的动荡事件表现得最为激烈，然而在全球其他国家也在发生社会动荡事件。在危机开始时，美国的动荡事件主要针对救助银行以及旨在拯救经济的政府支出。所谓的“茶党”在美国多个城市数次举行示威活动，抗议布什与奥巴马政府为恢复美国经济所采取的代价高昂的措施。即使在经济复苏强劲的中国，部分地区也发生了一些抗议活动。由于出口需求下降致使工厂倒闭，失业工人们因而举行示威，但这些抗议活动普遍没有详细记载。

……与此同时，罢工与停工事件也呈普遍上升趋势……

最新数据表明，2009 年的罢工与停工事件总数量有所增加，[1] 这也是意料之中的情形。在拉丁美洲的新兴经济体中，罢工与停工事件的增长尤其严重，如阿根廷、巴西、智利与秘鲁等。据报告，其他国家的罢工与停工事件也在增多，尤其是澳大利亚、中国、韩国等。与此同时，在欧洲发达经济体中，抗议活动增加导致工作天数减少，同时，罢工与停工事件的数量也呈普遍增长趋势。

……此外，还存在政治动荡或极端主义方面的担忧。

迄今为止，大多数的公共动乱事件均发生于中欧和东欧经济体以及欧洲的发达经济体中。然而，诸如法国、德国、意大利、西班牙、英国与美国等主要经济体也存在社会动荡的极大隐患。[2] 除记录在案的社会动荡事件以外，在未来几个月内，情势还切实面临恶化的危险。根据最近的民意调查，法国与西班牙各有 95% 与 90% 的民众认为，罢工与示威游行的数量极有可能继续增加。同样，英国、德国、意大利 80% 以上的民众认为，罢工与示威游行很可能继续增加。与此同时，这些国家一半以上的民众均认为政治极端主义也在上升，这使得这些国家之前发

1 资料来源：国际劳工组织统计部门，2010 年。

2 资料来源：哈里斯民意调查，2009 年 3 月；仅有法国、德国、意大利、西班牙、英国与美国等国数据。

生的局势雪上加霜。

2008—2009 年，盖洛普世界民意调查在拉丁美洲与加勒比展开调查，调查受访者是否认为其国家正朝着政治与社会动荡的方向发展。在 2009 年，持同意观点的受访者人数有所增长。以巴西为例，34% 的受访者认为，在 2009 年巴西正朝着动荡方向发展，而在 2008 年仅 28% 的受访者持同样的观点。在洪都拉斯，持同意观点的人数增长最为明显：50% 的受访者认为 2009 年国家正朝着动荡方向发展，而在 2008 年该比例为 37%。在所调查的 16 个国家中，13 个国家的 30% 以上的受访者认为国家正朝着动荡方向发展。

诚如所料，社会动荡的风险与社会指标之间具有重大关联性。

经济学人智库（EIU）于 2009 年展开了一次全球风险评估，被评估国家的风险被分为 0—4 级，0 代表发生社会动荡的可能性最低，4 则代表可能性最高。此次分析将 2008—2009 年金融和经济危机发生之后各国的政治、社会与经济发展考虑在内。[1] 根据经济学人智库的调查，全球大部分国家发生社会动荡的可能性维持在“中等”至“很高”的范围之间。在 179 个国家中，有 62 个国家发生社会动荡可能性评级为“高”或“很高”。此外，另外 64 个国家的动荡风险级别为“中等”。但需要注意的是该调查是在 2009 年下半年开展的，由于 2009 年下半年全球大部分国家仍未从危机的冲击中走出来，因此调查结果可能过高估计了实际情形。此外，此次评估还具有主观性，并且可能受到日常事件的影响，而这些日常事件并不会造成中长期影响。

尽管经济学人智库的数据存在局限性，但如果将这些数据与其他指标相比较，仍然可以得出有意义的推论。受访者表示的工作满意度以及对政府的信心最低的国家同时也是社会动荡风险最高的国家，例如，在社会动荡风险较低的国家，调查中有 81% 的受访者对工作表示满意。然而在社会动荡风险较高的国家（如被评为 3 级与 4 级的国家），则各有 72% 以及 69% 的调查受访者对工作表示满意。把公民对政府的信心程度进行比较时，也出现类似情形。在社会动荡风险较低（0 级与 1 级）的国家中，表示对政府有信心的受访者比例略低于 60%；相反，社会动荡风险较高的国家（如 3 级与 4 级国家），则分别仅有 38% 与 47% 的受访者对该国政府有信心。

把危机前的社会信任与幸福感数据与 2009 年的社会动荡调查数据相对比可发现，社会信任与幸福度较高的国家发生社会动荡的可能性也更低。例如，社会动荡风险较低国家的信任程度为 0. 53（即 53% 的受访者表示该国大多数人是可以信任的），而社会动荡风险较高国家的信任程度仅有 0. 23。低风险国家至高风险国家之间的信任程度呈急剧下滑趋势。在一个国家里，越多的人表示生活幸福，其社会动荡风险也越低。例如，社会动荡风险较低（0 级）的国家中有 93% 的受访者表示他们的生活“很幸福”及/或“非常幸福”。相反，社会动荡风险较高的国

1　用经济学人智库的话来说，“操作风险模型的评级与得分取决于我们在当地工作小组的分析员的专家意见。”这些分析员具备各种各样的开放性与封闭性资源。其中一个主要的封闭性资源是我们在当地的专家网络，这些专家能够根据本国的情形定期提供详细的信息。企业操作风险模型也充分利用了现有的分析性研究结果，这些分析性研究结果是由经济学人智库通过国家风险模型（可通过“国家风险服务”获得）与企业环境评级模型（可通过“国家预测”获得）得出的。

家则仅有67%的受访者表示他们的生活“很幸福”及/或“非常幸福”。如此看来，个人的幸福感与高度的社会凝聚力之间存在相关性。

过去的社会动荡事件为决策者敲响了警钟。

既然有证据表明社会动荡风险与部分社会指标之间存在相关性，那么，总结过去经验并了解社会动荡的后果便是非常重要的。过去经验表明，社会动荡通常发生在经济严重下滑之后（见专栏2.1）。人们通常通过上街游行以表达对生活、雇主及政府的不满。的确，抗议示威是对社会表达群体性不满的一种由来最久的形式。在20世纪至21世纪期间发生的大部分抗议事件中，社会动荡（抗议）的普遍结果就是政府的更迭或重组。还有一些抗议针对的是国际货币基金组织的紧缩措施，这些抗议活动转而迫使政府改变方向或者调整经济政策，以降低对社会环境造成的风险。如果从过去经验中总结一个教训，这个教训就是，社会问题丛生的当前环境为决策者敲响了警钟，决策者应当实施正确的政策组合以解决民众的需求，同时为经济的可持续性复苏奠定基础。

第二节　阐释社会环境的变化：失业和收入不均的影响

如前一节所述，自当前危机爆发以来，全球社会环境已经恶化。本节对导致社会环境恶化的可能性决定因素予以考察，尤其关注劳动力市场和经济发展。

过去的社会动荡事件表明了不公平、贫穷和高失业率产生的影响……

研究表明，失业的消极影响降低了人们的生活满意度和总体的社会幸福感，即使在找到工作以后，情形依然如此（克拉克和奥斯瓦尔德，1994年；奥斯瓦尔德，1997年；克拉克等，2001年）。社会幸福感降低和失业持续期之间具有关联性。这一点特别值得关注，因为，如第一章所述，民众长期失业与灰心沮丧的情形正在恶化。事实上，正如第一节所述，全球部分地区的生活满意度已然每况愈下。

然而，为了解民众对生活质量下降的感受是否会演变为社会动荡事件，还需要查阅有关文献了解可能会起潜在作用的因素。[1] 研究表明，如果人们在社会关系中感受到严重的不平等、社会排斥以及不公平，这将对社会凝聚力造成重大威胁（艾莱辛那和佩罗蒂，1996年；萨拉—爱—马丁，1996年；萧克，1996年；伊斯特利和莱文，1997年；格尔和摩尔，1997年；埃尔巴达维，1999年）。贾斯汀诺（2005年）认为，事实证明，长期的贫困和不公平将增加社会动荡的倾向。

格林等人（2006年）对发达国家所做的研究表明，收入不均与社会凝聚力存在负相关关系，即收入不均程度越高，则社会凝聚力程度越低。作者将社会凝聚力定义为“将整个社会凝聚在一起的特质”，包括共同的规则和价值观、共享的身份和财产、持续性和稳定性、风险共担、公平分配和牢固的公民社会等。

1　注意，本节所述的研究旨在对文献进行概略性的综述，而非详尽考察。

专栏 2.1 经济下滑与社会动荡：过去的经验教训

过去经验表明，经济下滑一直是造成社会动荡的主要原因。从社会学的角度来看，经济衰退是社会不安定的主要诱因。詹姆斯·戴维斯在其 1962 年发表的《为了革命的理论》中写道："客观上的经济与社会经过长期的发展之后，如果发生短期的经济衰退，那么，此时最有可能发生革命"（1962 年，第 5 页）。虽然这个结论通常用于政治学而非经济学，但是，当经济繁荣直接转为衰退时，恰恰会发生此种情形。

经济下滑还会造成大量的社会冲突：当失业使基本生活需求得不到满足时，通常会造成人口的流动，其结果常常是本土主义。当绝望的人们转而通过偷窃以及非法占用以满足生活需求时，犯罪也随之发生。经济衰退导致暴力与极端主义，甚至导致政权的颠覆。

通常的观点认为，在美国发生社会动荡的情况并不多见，但在大萧条时期，美国也经历了广泛的国内动乱。1/4 的美国人失业，这对社会环境造成重大冲击。但是，在发展中和新兴经济体，由经济原因导致的抗议活动更为常见。例如，在 1995 年的墨西哥比索危机（也称为龙舌兰风暴）期间，墨西哥农民关闭了该国证券市场。同样，20 世纪 90 年代末的亚洲危机也是导致亚洲发生大量动荡事件的原因之一。在印度尼西亚、韩国和泰国也发生了针对政府应对危机措施的大规模抗议活动。以印度尼西亚为例，街头抗议活动推翻了政府。

紧缩措施也会导致社会动荡，这由来已久。国际货币基金组织因把紧缩措施强加给发展中国家而声名不佳，这种措施通常激起这些国家选民的愤怒。当这些紧缩措施的目的是促进货币稳定性和出口市场的开放性时，总会有人成为受害者。在很多情况下，通过取消政府补贴和公共服务，这些措施损害了中下层民众的利益。

20 世纪 70 年代和 80 年代，在接受国际货币基金组织援助的 80 个左右的国家中，26 个国家发生过针对紧缩的抗议活动，大部分抗议发生在 1983 年至 1985 年期间。抗议的形式也各不相同，墨西哥民众因粮食而暴动，智利表现为暴力示威。在海地、菲律宾、苏丹以及土耳其等国，示威活动最终导致政府下台（沃尔顿和拉金，1990 年）。

发达国家也采取了紧缩措施，并且遭到了抵制。在 1974 年的斋月战争之后，以色列政府强行推行了激烈的紧缩措施以恢复货币储备，其中包括将以色列镑大幅贬值的措施，这导致以色列各个城市发生了大规模的抗议活动（布莱恩特，1974 年）。同样，1977 年，针对巴尔总理领导下的政府所采取的紧缩措施，爆发了全国性的罢工，导致巴黎和法国其他主要城市陷入停顿状态。至 21 世纪，这些问题仍然继续引发罢工活动。2001 年，当阿根廷面临货币危机时，旨在削减国家预算赤字的紧缩措施引发了大规模的抗议和破坏活动。

从这个角度来看，最近发生的新一轮抗议活动属于传统形式的社会动荡，旨在对政府的作为和不作为作出反应。大部分抗议均较快地结束，暴力行为也十分有限。但是，动荡事件的增多表明了民众对政府的失望，同时也提醒政治家们：选民对国家的表现并不满意。过去，此类事件曾导致了政府甚至政权的垮台。昨日之事应为今日之师。

塔德基爱丁与穆尔希德（2007年）在对印度尼西亚的研究中发现，经济衰退和贫穷蔓延与暴力程度存在正相关关系。他们认为，经济增长与贫穷人数下降有利于社会和谐。然而，他们同时指出，在暴力与经济发展阶段之间存在一种倒U形的关系，因此，如果一个国家希望在发展的各个阶段都能减少暴力的发生，那么这个国家应当更重视人的发展。在人的发展中，特别重要的方面是分配问题（收入不均或相对贫困）以及获得教育和就业的机会。

沃尔顿和拉金（1990年）应用社会学理论解释20世纪70年代中期至80年代期间发展中国家爆发的大规模抗议活动。发展中国家发生这些抗议活动的原因在于政府实施了国际货币基金组织与世界银行等国际组织强行要求实施的紧缩计划。基于抗议事件的数量、是否发生过动乱、城市数量以及抗议的程度，这两位作者采用因素分析法来确定一种衡量社会动荡的途径。分析结果表明，过度的城市化以及国际机构对国内政策的干涉造成的影响最大。

国际货币基金组织的干预与紧缩措施会造成社会紧张，对于此种假说，人们普遍深信不疑，但奥维宁（1996年）则提出了另一种假说。他主张，各国在经济危机期间应向国际货币基金组织求助。因此，尽管抗议者因反对紧缩措施而走向街头抗议，但如果政府未能自行解决经济危机，国际货币基金组织的干预措施可能会成功防止这些国家发生更加严重的抗议。他的研究结论认为，国际货币基金组织的干预仅仅在与其他变量相互作用时才造成社会动荡。因此，也许只有在城市化与经济发展水平较高以及实施民主政体的国家，国际货币基金组织的计划才更有可能引发抗议活动。

雷曼—威尔兹格与温加尔（1985年）认为，人均GNP与GNP增长均与抗议活动存在正相关关系，这表明产出的提高将造成大量的抗议活动。这可能是因为，在快速发展时期，收入差距也随之加剧。高失业率与高通货膨胀率也与抗议活动呈正相关关系。由此看来，产出的增长加上高失业率和高通货膨胀率很可能引发社会动荡。

帕文（1973年）对社会动荡事件进行了计量经济分析。在分析中，他采用每百万人群体性暴力事件造成的死亡人数来界定社会动荡事件。以此作为衡量指标的原因在于，这是衡量社会动荡程度的一个十分明确的指标。他在分析中采用的独立变量有人均收入、收入分配（基尼系数）、收入增长、社会经济流动性、沟通方式（人均拥有收音机数量）与城市化水平等。他发现，人均收入、收入分配、社会经济流动性与社会动荡呈负相关关系，而沟通力度和城市化则与社会动荡呈正相关关系。

通过使用在比利时采集的数据，诺里斯等人（2005年）对参与抗议的人的类型进行了分析。他们所感兴趣的是，抗议者到底是属于典型的极端主义者与闹事者（即媒体通常报道的抗议者类型），还是属于主流公民（在行使其表达政治观点的权利）。作者发现，大部分抗议者属于政治活跃分子以及政党、工会等传统社会团体成员。抗议者大都为左翼人士，但不属于极端左翼人士。虽然年轻人参加抗议的可能性更高，但实际上抗议者来自各个社会阶层。

……对社会动荡的决定性因素所进行的新的实证分析确认了这一点……

收入不均情形越严重，社会动荡的风险也越高（见图2.6）。此外，过去经济衰退期间的经验表明，低收入家庭（收入分配的百分比更低）受危机影响程度最

图 2.6　影响社会动荡风险的收入不均情况一览

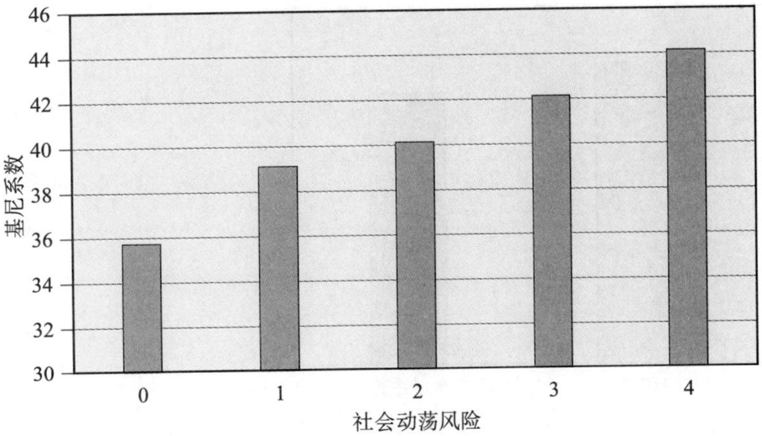

注：所做的估测基于对 150 多个国家的采样数据。

资料来源：国际劳工研究所基于经济学人智库（2009 年）以及《2009 年人类发展报告》的计算。

严重。失业率上升造成处于收入分配底部的民众收入相对于中等收入的差距拉大，这转而又加剧了收入的不平等性（希思科特等，2010b）。[1] 如果没有采取针对性的社会措施以缓解收入下降对这些家庭造成的冲击，那么，收入不均的情形将继续恶化。诸如失业保险、福利与养老金等政府与私人的转移性支出是对收入的缓解性补偿，当收入下降时，应增加这类转移性支出，这样可缓解收入差距的进一步扩大。

通过采用专为本报告研究的方法所进行的最初分析表明，失业率上升造成社会动荡风险的几率最高（见图 2.7）。[2] 例如，失业率每增长一个单位，动荡风险的几率便增加 1.2 个因子。第二大影响因素为收入不均（以基尼系数计）。每单位基尼系数的增加使动荡风险增加的几率提高了 1.1 个因子。国民生产总值下降的确也会增加动荡发生的几率，但相对于失业与收入不均而言影响更小。国民生产总值每下降一个单位，动荡风险的几率便提高 0.7 个因子。本节所示的结论表明，采取保证充分就业的经济复苏措施是降低社会紧张程度并减少动荡风险的一种方法。

有趣的是，在发达经济体中，失业率增长幅度最大的国家，其表示生活质量下降的人数比例也最大（见图 2.8）。例如，爱尔兰与西班牙的失业增长率居发达经济体最前列，这两国表示生活变差的人数比例也最大。美国的情形也大致如此。在高失业率国家中，人们对经济发展前景持悲观情绪。

年轻人受全球危机的冲击尤其严重，这种情形使前述挑战变得更加严重。令人担心的是，一些国家的年轻人处境变得不具可持续性，这会对社会凝聚力造成威胁（哈里斯等，2010 年）。青年失业率较高的国家也是年轻雇员表示工作满意度最低的国家。满意度低说明对失去现有工作的担心以及对国内劳动力市场前景的不确定性。

1　较为贫困家庭的收入下降情形可能是长期的。例如，在 1980—1982 年的经济衰退中，美国收入最低的 10% 的人口的收入下降了 20%，并且需要十年以上才能回复到危机前水平。劳动力收入并不是家庭收入的唯一来源，特别对于收入分配的低端阶层而言，情况更是如此。

2　实证分析方法与结果详情参见附录 A。

图 2.7　失业导致的社会动荡风险程度最高（高风险类别因素导致社会动荡的几率）

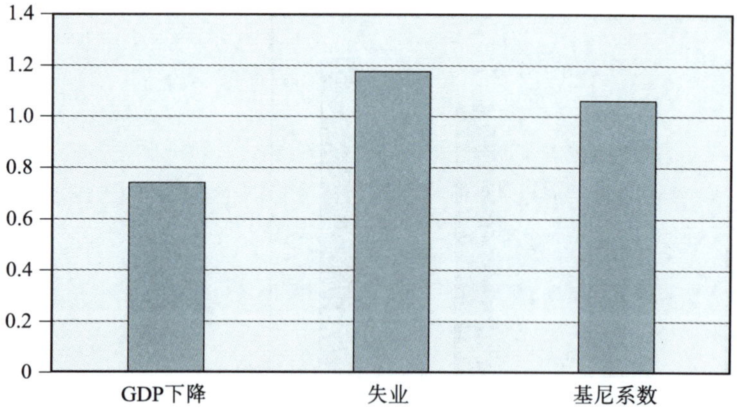

注：模型与结果参见附录 A。

资料来源：国际劳工研究所的计算。

图 2.8　失业率上升与感受到生活质量下降的人数（百分比）

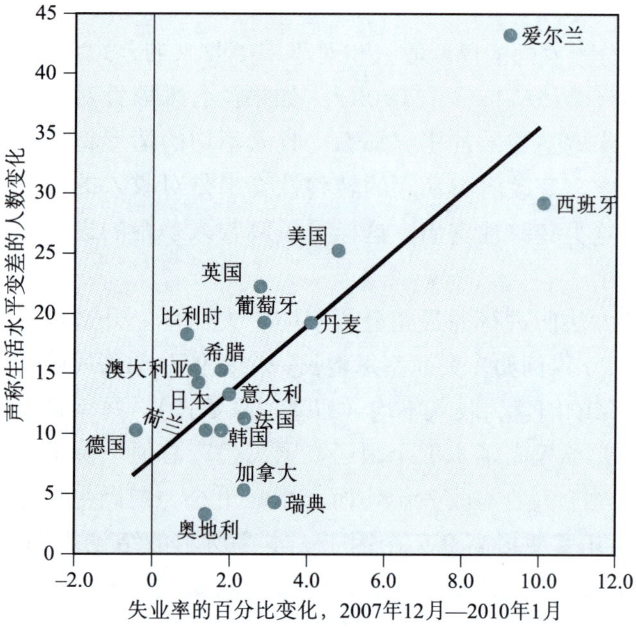

数据来源：国际劳工研究所，基于盖洛普世界民意调查；调查于 2009 年展开。

……相比之下，社会动荡的风险与财政措施规模的相关性较弱。

根据经济学人智库关于社会动荡风险等级的数据（分为 0—4 级，0 级代表风险极低，4 级代表风险极高），大部分国家的风险等级为 2 级，这表明社会风险处于中等级别。平均而言，这一组别国家宣布的经济刺激计划的规模一般占国民生产总值的 2.8%，这个比例与风险较低国家的比例不相上下（表 2.2）。然而，2008—2009 年，国民生产总值的平均变化为 -4.8%，该组别国家的国民生产总值下降程度最为严重。平均就业下滑率达 3.1%，下滑程度也最为严重。

对于社会动荡风险较高的国家（即 3 级和 4 级），其经济指标呈现的情况也较为复杂。这一组别国家国民生产总值与就业率的下滑程度均不及社会动荡中等风险（2 级）国家的严重程度，但需要重点注意是，处于 3 级与 4 级风险国家的样本规模要小得多；而 2 级风险国家的样本规模最大。

表 2.2　与经济指标相关的动荡风险

社会动荡风险，2009 年（级别）	平均值	
	经济刺激计划（占国民生产总值的百分比）	人均国民生产总值（美元，2009 年）
0	2.9	59396
1	2.7	30037
2	2.8	18334
3	5.0	5336
4	1.1	16847

注：估测结果基于 56 个国家的样本数据。经济学人智库的数据涵盖 150 多个国家，但可以获取的经济刺激数据仅限于 56 个国家。

资料来源：国际劳工研究所的计算。

政策考量

现有的社会指标表明，2008 年金融经济危机爆发后，全球社会环境处于不健康的状态。在多个国家，这种不健康的状态发展成为社会动荡事件，人们通过抗议活动来表达对政府处理危机方式的不满。政策制定者们应当对警示讯号予以重视并采取行动制订适当的政策组合，以改善全球社会环境，并为持续性的经济复苏奠定基础。

需要特别指出的是，本章研究结果显示，若要降低社会动荡的风险并同时对经济复苏本身形成支持，那么，关键的一点是将失业率维持在较低水平并作出长期努力以缩小过大的收入差距（参见第一章）。另外，需要强调的是，失业率最高的国家，其社会动荡的风险也最高。因此，关键的一点是继续实施《全球就业协议》（需牢记第三章中所分析的财政制约因素）。收入差距情形严重的国家也面临社会动荡的风险。现在尚无法获取 2009 年的收入差距数据，但过去的经验表明，在危机期间，收入不均现象往往会加剧，导致这种情形的主要原因在于收入分配中收入比较低的那部分民众的收入明显减少。高效的劳动力市场与社会政策能够对低收入家庭收入的减少予以缓冲，这也能够缓解收入差距的扩大并防止社会环境进一步恶化。

从中长期来看，为了解决收入不均，重要的一点在于解决再分配问题。税收与转移支出政策可以成为有力的再分配机制，但该机制行之有效的前提是，税率必须是累进制税率，同时，社会转移支付必须解决无经济收入民众的需求。社会转移支付至少应当抵消税款的降低额。在当前危机之前的经济扩张期间，低收入家庭并未赶上经济扩张的快车，因为其收入与其生产力并未保持一致（国际劳工研究所，2008 年）。如今在危机期间，同样也是低收入家庭受到了危机的重创。因此，了解危及社会环境的风险并且设计降低风险的政策至关重要。

附录 A

估计社会动荡的决定因素[1]

因变量是社会动荡，在假设风险水平是按自然顺序排列（从“不可能”或“0”到“最可能”或“4”）的情况下，该变量被视作定序变量，但相邻水平之间的距离是未知的。对定序因变量使用普通最小二乘法（OLS）是不恰当的，原因是普通最小二乘法假设分类之间的距离相等，例如“非常高的风险”（4）和“高风险”（3）之间的距离等于“中等风险”（2）和“低风险”（1）之间的距离。在大多数情况下，我们不能那样假设，但对定序变量使用普通最小二乘法时所作的假设就是如此。这种情况下使用的恰当模型被称为排序多元 Logit 模型（又称序数逻辑斯蒂回归或比例优势模型），该模型是用于二分因变量的 logit 模型（逻辑斯蒂回归）的扩展，可用于超过两个的顺序相应。在本案例中，有五个顺序响应，即从 0 到 4。

在排序多元 Logit 模型中，有一个观察到的定序变量 Y（社会动荡风险，取值为 0—4）。而 Y 又是另一个变量 Y^* 的函数，Y^* 没有测量值（称为潜变量）。与 Y 不同，Y^* 是连续变量，并且 Y^* 的值决定了观察到的定序变量 Y 的数值。Y^* 有各种阈值点，而观察值 Y 取决于是否超出特定的阈值点。例如，设 $M=5$：

$$Y_i = 0 \text{ if } Y_i^* \text{ is} \leqslant k_0$$

$$Y_i = 1 \text{ if } k_0 \leqslant Y_i^* \leqslant k_1$$

$$Y_i = 2 \text{ if } k_1 \leqslant Y_i^* \leqslant k_2$$

$$Y_i = 3 \text{ if } k_2 \leqslant Y_i^* \leqslant k_3$$

$$Y_i = 4 \text{ if } Y_i^* \geqslant k_3$$

可以将 Y 看作 Y^* 的离散版本。例如，Y^* 的取值范围可以是无限的（连续变量），该变量可以被划分为 Y 的五个类别。在总体上，连续潜变量 Y^* 等于：

$$Y_i^* = \sum_{k=0}^{K} \beta_k X_{ki} + \varepsilon_i = z_i + \varepsilon_i$$

注意上式中存在随机扰动项，在本例中服从逻辑斯蒂分布。这反映了这样一个事实，即相关变量可能不在公式中，或变量没有被完美地测量。排序多元 Logit 模型对上式中的一部分进行估计：

$$Z_i = \sum_{k=0}^{K} \beta_k X_{ki} = E_i(Y_i^*)$$

由于存在随机扰动项，未测量的潜变量 Y^* 可以高于或低于 Z。K、β_s 和 $M-1ks$ 是需要估计的参数，使用相应的样本估计值我们可以计算 Z：

$$Z_i = \sum_{k=0}^{K} \beta_k X_{ki}$$

然后我们使用估计的 $M-1$ 扣除项估计 Y 为特定值的概率。例如，当 $M=5$ 时，

1　方法是根据梅纳德（2002 年）和墨菲（1996 年）的研究修改后得到。

$$\Pr(Y=0)=1/[1+\exp(Z_i-k_0)]$$
$$\Pr(Y=1)=1/[1+\exp(Z_i-k_1)]-1/[1+\exp(Z_i-k_0)]$$
$$\Pr(Y=2)=1/[1+\exp(Z_i-k_2)]-1/[1+\exp(Z_i-k_1)]$$
$$\Pr(Y=3)=1/[1+\exp(Z_i-k_3)]-1/[1+\exp(Z_i-k_2)]$$
$$\Pr(Y=4)=1-1/[1+\exp(Z_i-k_3)]$$

因此，使用估计的 Z 值和对扰动项服从逻辑斯谛分布的假设，可以用排序多元 Logit 模型估计无观察值的变量 Y^* 落入各种区间中的概率。

序数逻辑斯蒂回归的结果表明，失业率与社会动荡风险正相关（见表 A2.2）。这意味着失业率增加可能增加社会动荡的风险。以基尼系数测量的收入差距也与社会动荡正相关，这意味着收入差距增加可能增加动荡的风险。相反，GDP 增长率的提高与社会动荡风险负相关，但相关程度较低。在社会指标中，生活满意度提高与社会动荡风险负相关。类似地，对政府更高的信心以及更高的人际信任度与社会动荡风险负相关。但是，对不公平的感受程度的提高与社会动荡风险正相关。

表 A2.1　回归分析中采用的变量的定义及其资料来源

变量	定义	资料来源
社会动荡风险	从 0 到 4 对国家排序，0 表示非常低的风险而 4 表示非常高的风险	经济学人智库（2010 年）
失业率	2009 年的失业率	中央情报局（2009 年）
GDP 增长率	2009 年的实际 GDP 增长率	中央情报局（2009 年）
基尼系数	对收入差距的常用测量方法	人类发展指标（2007 年）
财政刺激	财政刺激占 GDP 的百分比	国际劳工研究所（2009 年）
生活满意度	调查问题：你对生活满意程度如何，从 1 到 10 打分？对每个国家取平均值	世界价值观调查（2007 年） 盖洛普世界民意调查（2009 年）
对政府的信心	调查问题：你对本国政府有信心吗？数值取回答“是”的人所占比例	盖洛普世界民意调查（2009 年）
对不公平的感受	调查问题：在本国，人们能否通过努力工作而获得成功？数值取回答“否”的人所占比例	盖洛普世界民意调查（2009 年）
信任	调查问题：你信任大多数人吗？数值取回答“大多数人可信”的人所占比例	世界价值观调查（2007 年）

表 A2.2 序数逻辑斯蒂回归结果（因变量：社会动荡风险）

项目	1	2	3	4	5
失业率	0.127** (1.96)	0.030 (0.41)	-0.018 (0.21)	-0.079 (0.86)	0.059 (0.4)
GDP 增长率	0.043 (0.78)	-0.019 (0.31)	-0.046 (0.57)	-0.070 (0.82)	-0.71** (2.32)
基尼系数		0.079** (2.14)	0.107** (2.27)	0.085* (1.74)	
财政刺激			0.146 (1.04)		
生活满意度				-1.35*** (2.9)	-1.55 (1.29)
对政府的信心					-0.127* (1.86)
对不公平的感受					-0.147** (1.91)
信任					-0.163*** (2.5)
χ^2	4.16	7.39	7.99	14.96	20.78
N	56	53	35	30	20

注：圆括号中为 t-统计数据的绝对值。显著性水平：* 10% 为显著，** 5% 为显著，*** 1% 为显著。关于变量的定义参见表 A2.1。

表 A2.3 对社会动荡风险概率的预测值

国家	很低	低	中等	高
巴西	0.090566	0.558311	0.343358	0.007766
加拿大	0.728556	0.251762	0.019392	0.00029
智利	0.009169	0.137393	0.775761	0.077677
哥伦比亚	0.037738	0.383479	0.559298	0.019486
法国	0.019381	0.248958	0.693722	0.037939
德国	0.188585	0.623195	0.184878	0.003342
意大利	0.161859	0.619976	0.214146	0.00402
日本	0.024736	0.295304	0.650147	0.029812
墨西哥	0.00035	0.006102	0.303422	0.690126
秘鲁	3.18E-05	0.000559	0.038649	0.960761
韩国	0.031743	0.346509	0.598527	0.023221
罗马尼亚	0.00136	0.023288	0.611359	0.363992
俄罗斯联邦	0.013984	0.194363	0.739561	0.052092
斯洛文尼亚	0.000863	0.014916	0.509948	0.474274
南非	0.010094	0.149025	0.769877	0.071004
西班牙	0.003294	0.054492	0.751392	0.190822
乌克兰	2.86E-05	0.000503	0.034919	0.96455
英国	0.021452	0.267724	0.676493	0.034331
美国	0.511744	0.439356	0.048157	0.000743

注：基于表 2.2 中的回归 5。“高”包括“高”和“非常高”，因此只有四种风险类型。
资料来源：国际劳工研究所的计算。

优势比是根据表 A2. 2 中的回归结果计算的。这些比率是属于或高于某一类别的累积可能性与属于较低类别的累积可能性之比。例如，依据表 A2. 2 的优势比估计值显示处于更高而非更低的社会动荡风险的可能性在高失业率国家是最高的。

此外，序数逻辑斯蒂回归也可以根据自变量计算属于一种风险类别或其他风险类别的“预测概率”。依据该计量经济学方法计算的社会动荡风险的预测概率表明，诸如加拿大、德国、意大利和美国这样的发达经济体的动荡风险低或很低。这一组别国家还包括巴西。同时，社会动荡风险高的国家包括墨西哥、秘鲁和乌克兰。大多数其他国家（如智利、哥伦比亚、日本、韩国、罗马尼亚、俄罗斯、南非、西班牙和英国）的动荡风险处于中等水平。预测概率大致与经济学人智库关于社会动荡的原始数据相仿。由于表 A2. 2 第 5 列中回归模型全部指标的数据无法都获得，所以表 A2. 3 包括的国家的数量较少。

参考文献

Alesina, A.; Perotti, R. 1996. “Income distribution, political instability and investment”, in *European Economic Review*, Vol. XL, pp. 1203–1228.

Auvinen, J.Y. 1996. “IMF intervention and political protest in the third world: A conventional wisdom refined”, in *Third World Quarterly*, Vol. 17, No. 3, pp. 377–400.

Bohrer, R.E. II; Tan, A.C. 2000. “Left turn in Europe? Reactions to austerity and the EMU”, in *Political Research Quarterly*, Vol. 53, No. 3, pp. 575–595.

Brilliant, M. 1974. “Protest riot in Tel Aviv”, in *The Times* (London), No. 59,241, 11 November, p. 1.

Clark, A.; Oswald A. 1994. “Unhappiness and Unemployment,” in *Economic Journal*, (May 1994), 104, pp. 648-659. Reprinted in *The International Library of Critical Writings in Economics: Happiness in Economics*, R. Easterlin (ed.), Edward Elgar, 2002.

—; Georgellis, Y.; Sanfey, P. 2001. “Scarring: the Psychological Impact of Past Unemployment,” in *Economica*, (May 2001), 68, pp. 221-241.

—; Diener E.; Georgellis, Y.; Lucas, R. 2004. “Unemployment Alters the Set-Point for Life Satisfaction,” in *Psychological Science*, (January 2004), 15, pp. 8-13.

—. 2006. “Unhappiness and Unemployment Duration”, in *Applied Economics Quarterly*, (December 2006), Vol. 52, No. 4, pp. 291-308.

—; Frijters, P.; Shields, M. 2008. “Relative Income, Happiness and Utility: An Explanation for the Easterlin Paradox and Other Puzzles,” in *Journal of Economic Literature*, Vol. 46, No. 1, pp. 95-144.

Coile, C.; Levine, P.B. 2009. *Will the current economic crisis lead to more retirements?* Available at: VoxEU.org (31 Oct).

Davies, J.C. 1962. “Toward a theory of revolution”, in *American Sociological Review*, Vol. 27, No. 1, pp. 5–19.

Domeij, D.; Folden, M. 2010 (forthcoming). “Inequality trends in Sweden 1978–2004”, in *Review of Economic Dynamics*.

Easterly, W.; Levine, R. 1997. “Africa’s growth tragedy: Policies and ethnic divisions”, *Quarterly Journal of Economics*, Vol. CXII, pp. 1202–1250.

Economist Intelligence Unit (EIU) (2010). Global Risk Assessment, covering 179 countries.

Elbadawi, I. 1999. *Civil wars and poverty: The role of external interventions, political rights and economic growth*, mimeo (Washington DC, Development Research Group, World Bank).

European Commission (2010). *Social climate*, Special Eurobarometer 315.
Gallup World Poll Data (2010). Available at: http://www.gallup.com/poll/world.aspx
Green, A.; Preston, J.; Janmaat, G. 2006. *Education, equality and social cohesion: A comparative analysis* (Basingstoke, Palgrave Macmillan).
Gurr, T.R.; Moore, W.H. 1997. "Ethnopolitical rebellion: A cross-sectional analysis of the 1980s, with risk assessment of the 1990s" in *American Journal of Political Science*, Vol. XLI, pp.1079–1103.
Ha, B.; McInerney, C.; Tobin, S.; Torres, R. 2010. *Youth employment in crisis*, Discussion Paper No. 201 (Geneva, International Institute for Labour Studies, ILO).
Harris Interactive Polls. 2009. Conducted in France, Germany, Italy, Spain, the United Kingdom and the United States.
Heathcoate, J., Perri, F.; Violante, G. 2010a (forthcoming). "Unequal we stand: An empirical analysis of economic inequality in the U.S., 1967–2006" in *Review of Economic Dynamics*.
—. 2010b. *Inequality in times of crisis: Lessons from the past and a first look at the current recession*. Available at VoxEU.org, (2 Feb).
IILS (2009). *World of Work Report 2009: The Global Jobs Crisis and Beyond* (Geneva, International Institute for Labour Studies, ILO).
—. 2008. *World of Work Report 2008: Income inequalities in the age of financial globalization* (Geneva, International Institute for Labour Studies, ILO).
International Monetary Fund (IMF) (2009). World Economic Outlook, Crisis and Recovery, Washington: IMF.
Jenkins, J.C. 1983. "Resource mobilization theory and the study of social movements" in *Annual Review of Sociology*, Vol. 9, pp. 527–553.
—; Wallace, M. 1996. "The generalized action potential of protest movements: The new class, social trends, and political exclusion explanations" in *Sociological Forum*, Vol. 11, No. 2, pp. 183–207.
Justino, P. 2005. *Redistribution and civil unrest* (Brighton, UK, Poverty Research Unit at Sussex, Department of Economics, University of Sussex).
Khatiwada, S. 2009. *Stimulus packages to counter global economic crisis: A review*, Discussion Paper No. 196 (Geneva, International Institute for Labour Studies, ILO).
Lee, E. 1998. *The Asian financial crisis: The challenge for social policy* (Geneva, International Labour Organization).
Lehman-Wilzig, S.; Ungar, M. 1985. "The economic and political determinants of public protest frequency and magnitude: The Israeli experience" in *International Review of Modern Sociology*, Vol. 15, pp. 63–80.
Menard, S. 2002. *Applied logistic regression analysis*, second edition (Thousand Oaks, CA, Sage Publications).
Mroz, T.A.; Savage, T.H. 2006. "The long-term effects of youth unemployment" in *Journal of Human Resources*, Vol. 41, No. 2, pp. 259–293.
Murphy, A. 1996. "Simple LM tests of mis-specification for ordered logit models", in *Economic Letters*, Vol. 52, pp.137–141.
Mydans, S. 1997. "Thousands of Thais protest Bangkok's inaction in crisis", in *The New York Times*, 22 October, p. A12.
Norris, P.; Walgrave, S.; Van Aelst, P. 2005. "Who demonstrates? Antistate rebels, conventional participants, or everyone?" in *Comparative Politics*, Vol. 37, No. 2, pp. 189–205.
Oswald, A. J. 1997. "Happiness and economic performance," *Economic Journal*, 107, 1815-31.
Parker J.; Vissing-Jorgensen, A. 2009. "Who bears aggregate fluctuations and how?" in *American Economic Review*, Vol. 99, No. 2, pp. 399–405.
Parvin, M. 1973. "Economic determinants of political unrest: An econometric approach" in *Journal of Conflict Resolution*, Vol. 17, No. 2, pp. 271–296.
Sala-i-Martin, X. 1996. *Transfers, social safety nets and economic growth*, IMF Working Paper WP/96/40.
Schneider, H. 2010. "Moody's warns nations to cut spending or risk AAA ratings" in *The Washington Post*, 16 March.
Schock, K. 1996. "A conjectural model of political conflict: The impact of political opportunities on the relationship between economic inequality and violent political conflict" in *Journal of Conflict Resolution*, Vol. 40, No. 1, pp. 98–133.

Tadjoeddin, M.Z.; Murshed, S.M. 2007. "Socio-economic determinants of everyday violence in Indonesia: An empirical investigation of Javanese districts, 1994–2003" in *Journal of Peace Research*, Vol. 44, No. 6, pp. 689–709.

Walton, J.; Ragin, C. 1990. "Global and national sources of political protest: Third world responses to the debt crisis" in *American Sociological Review*, Vol. 55, No. 6, pp. 876–890.

World Values Survey (2007). Available at: www.worldvaluessurvey.org

第三章
公共财政紧缩时期的就业复苏*

主要研究成果

- 很多 G20 国家的财政状况自全球金融危机爆发后显著恶化。这一发展趋势主要体现在对金融体系的救助、总体支出的增长以及税收收入的丧失。财政赤字中仅有不到 15% 的增加额来自于特定的劳动力市场计划。
- 人们对这些国家财政状况的持续性表示关切。主权债务风险增加，尤其是在某些欧洲国家，已经导致很多发达经济体采取了一系列的财政整顿计划。这些财政整顿计划已宣布的规模很大，并且往往超过这些国家在危机爆发时所采取的初期刺激计划。此外，很多财政削减主要集中在劳动力市场计划。
- 尽管部分国家有必要回归至安全的财政状况，但这些快速转向财政整顿只会带来反作用。迄今为止，尚无迹象表明财政赤字挤出了私人需求。相反，财政刺激措施已证实有效地抑制了经济出现重大萧条，并且帮助挽救或者创建了新的就业机会。在新兴经济体中，这些影响尤其强烈。这表明政府在以就业为中心的计划中的支出即便小幅增加也会对就业带来长期正面的影响。
- 为经济发展提供支持至关重要。随着公共债务率的进一步上升，失业人口丧失技能或者灰心丧气，可能导致现有的措施失效。由于金融体系无法为实体经济提供充足的信贷支持，财政措施因而显得更为重要，如第五章所示。
- 财政刺激政策的过早退出以及各种财政整顿措施之间缺乏协调，可能使得就业增长和公共财政状况进一步恶化。鉴于目前社会总需求严重匮乏，如果继续采取设计良好的、以就业为中心的财政措施，将加快创造新就业岗位的速度、提高政府收入，从而获得回报。
    - 那些提前采取财政整顿计划的国家通过国际贸易产生总需求溢出效应，将延缓全球就业复苏的步伐。此外，这种状况将降低那些继续采取财政刺激计划的国家政策的有效性。

* 作者感谢来自尤高查克乌·艾古、安东尼诺·巴贝拉·马佐拉和苏珊娜·夸德罗斯在研究方面所提供的出色协助。

- 相反，那些由于其公共财政状况短期内不可持续发展而被迫实施财政整顿计划的国家将必须依赖于外部状况的改善。在目前这一关键时刻，这意味着那些在财政整顿方面仍有实施空间的国家应该利用这一措施，这将有助于重新保持全球经济的平衡。该问题将在第四章中进行更为具体的阐述。

- 总而言之，提前和不协调地退出财政刺激措施可能扼制就业复苏进程，并对各国政府财政状况的可持续发展产生负面影响。

引言

世界各国已开始整顿其公共财政。随着很多发达国家的公共债务水平已超过三位数，加之很多新兴经济体也出现很大的公共赤字，人们对这些财政政策的长期可持续性也表示出严重关切。因此，各国的决策者受到越来越大的压力，在公共债务成本不断加大以及通货膨胀率快速提升的背景下，开始逐步退出其财政刺激政策。目前，各国自行酌定的措施数量仍然很大，但民众对由纳税人为此最终买单的情况日益不满。事实上，由于市场对公共财政状况的悲观情绪日益加重，已迫使很多国家的政府提出财政整顿计划，这些计划往往将此前用于刺激经济发展的措施收回，作为自行酌定的刺激措施。

不过，过度紧缩的财政政策可能进一步延缓全球就业复苏的步伐。事实上，2009 年 6 月召开的国际劳工大会上通过的《全球就业协议》（GJP），其宗旨就是支持各国制定有效的劳动力市场对策，并对国际社会在该领域的活动进行协调。本章指出，劳动力市场支出将首先受到财政整顿计划的冲击，尽管劳动力市场支出在导致公共财政状况恶化中的作用有限。鉴于劳动力市场刚刚摆脱过去 80 年来最为严重的全球经济衰退开始小幅复苏，在这种时刻，这种财政整顿政策的出台对劳动力市场来说可谓不合时宜。相反，如果采取其他政策选择，即将公共支出面向创造新增就业机会，带动就业复苏，就可能创造有利于财政政策可持续发展的外部环境。

在此背景下，本章的目的是：（1）财政整顿措施如果按照当前的设计，评估其可能影响就业复苏前景的程度；（2）评估将各国具体情况考虑在内的、更为谨慎的财政刺激退出战略将如何在支持经济和就业发展的同时满足各国的中期财政目标；基于对 G20 发达国家的估算和模型模拟，我们开展了此项评估工作。[1]

此处所提供的分析表明，很多劳动力市场促进计划都很有效。这些计划以一般公共支出类似的速率，但很小的成本促进了就业并减轻了对就业造成的破坏。在目前的关键时刻，这意味着各国政府可以通过重新将其部分公共支出用于支持针对劳动力市场的政策，同时改善其公共财政以及劳动力市场状况。反之，如果不采取行动或者过早退出劳动力市场和经济刺激措施，就可能在增加失业人口、增加弱势就业以及工资水平长期增长乏力等方面造成巨大的代价。更为重要的是，财政整顿措施以及过早退出财政刺激计划也将导致贸易合作伙伴国就业增长低迷，

1　本章主要针对目前复苏进程中的公共支出以及收入对策进行探讨。与公共投资和社会保障体系或者不同汇率体系下，财政政策和货币政策之间相互关系等有关的更为长期的问题，未在本章中进行讨论，尽管从更广泛的发展观点看，这些问题的重要性得到了人们的认可。

从而进一步延缓经济和就业复苏步伐。因此，本书认为，各国政府应采取的政策不是过早退出财政刺激计划，而是转向更为灵活地应用劳动力市场促进措施的政策，这些措施将有助于政府支出创造更多的就业机会。

本章的结构如下：第一节探讨了很多国家已经转向财政紧缩措施的问题。第二节分析了这种政策转变可能对未来就业以及财政状况的影响。第三节探讨了在公共财政紧缩时期，针对各国具体情况的最佳复苏计划。

第一节　转向财政紧缩

全球金融危机后，各国财政赤字显著增加……

2007—2010 年，除巴西和沙特阿拉伯外，其他 G20 国家的政府净借贷额（财政状况的评测指标之一）都出现了增长。巴西由于经济衰退期极短，政府得以成功地减少了借贷需求。沙特阿拉伯由于在此期间国际油价的快速恢复使得政府收支一直保持盈余（图 3.1）。在同一时期，G20 其他国家的公共赤字则增长了 0.3—10.6 个百分点，其主要推动因素包括自动稳定器机制、政府对金融行业的支持、自行酌定的计划以及税收收入的减少。[1]

图 3.1　2007 年与 2010 年相比，G20 国家财政收支平衡的变化

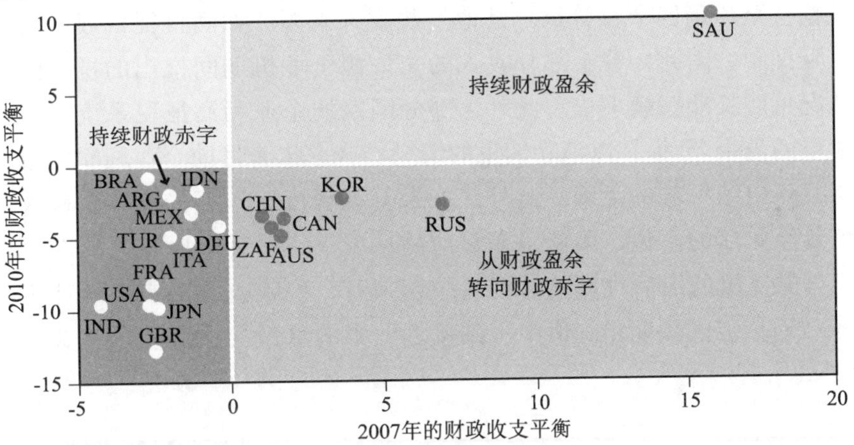

注：该图显示了 2007 年和 2010 年 G20 国家财政收支平衡的变化，其评估的指标是政府总净借贷额占 GDP 的比重。2010 年的财政收支平衡为预测值。这些样本国家包括：ARG：阿根廷；AUS：澳大利亚；BRA：巴西；CAN：加拿大；CHN：中国；DEU：德国；FRA：法国；GBR：英国；IDN：印度尼西亚；IND：印度；ITA：意大利；JPN：日本；KOR：韩国；MEX：墨西哥；RUS：俄罗斯联邦；SAU：沙特阿拉伯；TUR：土耳其；USA：美国；ZAF：南非。

资料来源：国际货币基金组织（2010a）。

1　自动稳定器机制是指公共预算收支平衡中随着周期性状况自动进行调节的组成要素。例如，随着宏观经济状况的恶化，企业利润或个人收入所得税收入将会下降。同样，随着失业人口数量的不断增加，政府在社会保障和失业救济金方面的支出将自动增长。相反，自行酌定措施是指所有那些由政府不受本国商业周期状况影响独立开展的新增支出或税收措施。在本章中，自行酌定措施这一术语主要是指那些在危机开始后实施的新增支出计划或税收削减计划。

图 3.2　G20 发达国家政府收入来源（占 GDP 的百分比）

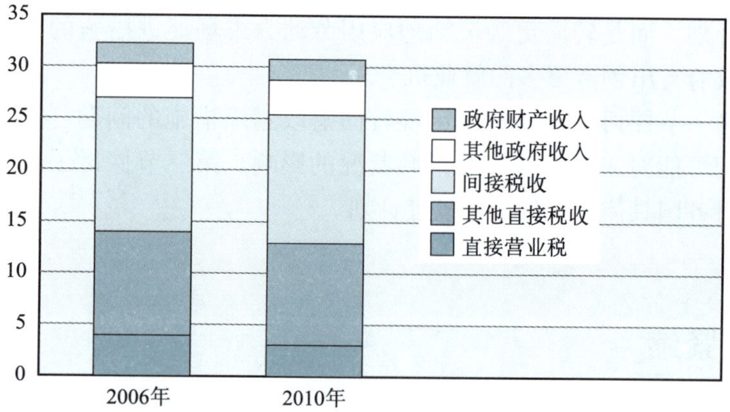

注：该图显示的是 G20 发达国家政府收入的不同来源，不含社保和其他半国营机构的收入来源。

资料来源：经济合作与发展组织（2009a）。

……部分原因与政府收入下降有关……

政府财政赤字的增加，其部分原因在于税收收入的减少（图 3.2）。事实上，由于企业利润显著降低以及所得税大幅减少，G20 发达国家政府的总收入（占 GDP 的比重）平均降低了近两个百分点。在某些情况下，由于直接征税额减少以及政府为刺激经济的发展有意降低税率（如，英国暂时性地降低增值税），这些国家政府收入的跌幅甚至达到四个百分点。其他一些收入来源，如间接征税或政府财产收入，也受到抑制。因此，鉴于部分收入的丧失源于危机期间推出的税收削减计划，这一状况可能长期持续下去。此外，部分国家的企业利润征税系统可能在几年内积累大量的盈余/亏损，以消除纳税的情况。这意味着目前企业利润的减少可能导致未来几年内纳税额的下降。此外，如果复苏程度比预期的疲软，税收收入只会逐步恢复至此前的高位。因此，在目前的情况下，尽管政府收入的滞后性影响通常不及公共支出的滞后性影响，但从中期来看，税收收入的丧失预计将在 G20 发达国家政府债务的预期增加值中占到接近一半的水平（国际货币基金组织，2010a）。

……并与对金融业的支持有关……

在此期间，金融业所得到的财政支持很大，英国政府对金融业的直接支持力度达到了本国 GDP 的 12%（表 3.1）。不过，并非所有这些支持措施都对财政支出直接产生了影响，这是因为部分支持措施是以担保的形式，从而形成公共行业的或有债务，这些债务可能会或不会影响政府未来的财政收支平衡状况。只有当财政状况恶化时，才会真正实现存款保险的范围扩充以及最高限度的增加（最高可以提供全面担保，如法国和德国）。然而，其他一些措施，如买断有毒资产或者救助即将破产银行，将导致巨额的前期成本。此前，这些措施已证明在缓解危机和防止对实体经济造成进一步的破坏方面发挥了必不可少的作用。然而与此同时，这些措施也明显导致了发达经济体公共债务的不断增加。通常，当经济状况回稳并且政府开始抛售这些有毒资产时，政府在这些措施实施之时的总财政成本就会

表 3.1　G20 国家对金融业的支持力度（占 GDP 的百分比）

项目	直接支持			
	注资	国家购买资产和借贷	担保	中央银行干预措施
阿根廷	0.0	0.0	0.0	0.0
澳大利亚	0.0	0.0	0.0	0.0
巴西	0.0	0.8	0.5	0.0
加拿大	0.0	9.1	0.0	0.0
中国	0.0	0.0	0.0	0.0
法国	1.3	0.2	16.9	0.0
德国	3.4	0.0	17.2	0.0
印度	0.0	0.0	0.0	0.0
印度尼西亚	0.0	0.0	0.0	0.0
意大利	1.3	0.0	0.0	2.7
日本	2.5	4.1	7.2	0.0
韩国	1.2	1.5	11.6	0.0
墨西哥	0.0	0.0	0.0	0.0
俄罗斯联邦	7.1	0.5	7.7	0.0
沙特阿拉伯	0.0	0.0	0.0	0.0
南非	0.0	0.0	0.0	0.0
土耳其	0.0	0.0	0.0	0.0
英国	8.2	3.7	40.0	28.2
美国	5.1	2.3	7.5	12.1
G20 平均值	2.6	1.4	6.4	4.6
G20 发达国家	3.8	2.4	10.9	7.7
G20 新兴国家	0.7	0.1	0.8	0.0

注：中央银行干预措施是指中央银行进行资产互换以及购买金融资产（包括国库券）。本表仅报告那些已承诺质押的金额。

资料来源：国际货币基金组织（2010a）。

超过其净成本。例如，20 世纪 90 年代初的北欧危机期间，挪威和瑞典遭受了财政亏损，这种状况类似于这些国家目前为支持其金融行业所遭受的财政亏损。不过，政府通过以更高的价格向市场回售这些资产就可最终弥补绝大部分的亏损，使得净财政成本接近于零（拉埃文和瓦伦西亚，2008 年）。同样，在目前的全球金融危机期间，来自瑞士和美国的证据表明，对金融业提供支持所形成的最终账单可能大大低于预期的成本，这一点使得人们认为危机所带来的直接成本如果按照以往标准来看可能极低（谢尔德巴赫，2010 年）。

……但与财政刺激措施的相关性要小得多。

与各国政府为金融业所提供的大量支持相比，劳动力市场促进计划所受到的重视程度和获得的资金要小得多，不及总财政刺激措施投资额的5%（图3.3）。事实上，很多G20国家是通过依赖于其社会保障和税收体系内部的自动稳定器机制来应对全球经济危机。随着失业人口的增加，政府在失业救济金方面的支出大幅飙升，多国政府极力增加对劳动力市场促进计划的资源投入。此外，一些国家通过自行酌定的措施提供了新的刺激政策。这种额外支出的绝大部分仅由四个国家（中国、德国、日本和美国）提供，占已宣布的全球刺激措施总投入金额的78%左右，分别占其各自GDP的1.4%—2.1%。欧洲绝大多数国家在此方面的投入金额较小。多数发展中经济体的财政刺激计划的投入金额不到其GDP的1%。

由于就业状况停滞不前，劳动力市场支出已开始增加，在某些情况下甚至幅度很大。尤其是，经济合作与发展组织成员国在被动促进劳动力市场措施方面的投入金额增加了大约20%。而主动促进劳动力市场方面的支出增加幅度并不明显（至少对GDP的贡献不大）。不过，由于失业率显著增加给劳动力市场带来重大挑战，预计政府将在此方面进一步（乃至持续）增加支出，尤其是在目前的经济衰退可能导致长期失业人口的增加这一背景下。根据以往失业发展状况引起劳动力市场支出变化的相关经验来看，预计2010年，经济合作与发展组织部分成员国的劳动力市场支出占GDP的比例可能最高提升1.5个百分点（查普，2010年）。此外，这些国家可能必须继续通过劳动力市场政策以及继续支持社会总需求来创造就业机会，确保为日益增多的求职者提供足够数量的空缺职位。

公共债务的不断增加引发了人们对财政可持续发展的担忧……

在自动稳定器机制以及自行酌定刺激措施的推动下，预计从中期来看，公共债务水平将大幅增长（表3.2）。这使得人们担心，私营企业的信贷成本在长期将更为昂贵，以至于公共债券将与私募债券争夺全球有限的储蓄资源。尤其是在那些国内资本市场不发达的新兴国家，可能出现挤出私人投资的状况，这些国家将

图3.3　G20国家财政刺激措施的构成（占刺激计划总投入金额的百分比）

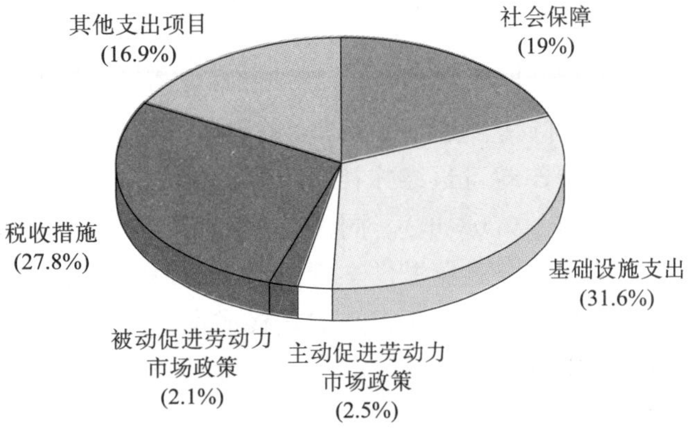

资料来源：国际劳工研究所基于经合组织的估算，2009b；安德斯和卡斯特罗，2009年；罗宾斯等，2009年；里德，2009年；梅耶—欧伦多夫等，2009年；张等，2009年；各个国家的部委网站及其他来源。

必须依赖于国际资本流动来为其投资机会提供资金（阿加和杰拉松，2009 年）。由于这种对私人投资的挤出效应，公共债务的增加将影响政府支出的有效性，至少超过一定的阈值。根据莱恩哈特和罗格夫（2009 年）最近的估算，G20 部分发达经济体在经历了目前的经济衰退后，可能已经达到该阈值（估计占 GDP 的 85%—90% 左右），不过迄今为止长期利率的提升幅度仍然有限（参见下一节）。此外，在那些国内资本市场规模较小、对用于公共债券的国外金融工具的需求较大的不发达经济体中，其风险溢价可能加大，新发债券的到期日可能缩短，从而增加政府预算赤字的融资成本和风险，也给私营部门的融资状况带来不利影响（佩蒂斯，2001 年）。

不过，最近的一项研究对债务与经济增长和阈值之间的关系提出了质疑（艾恩斯和比文斯，2010 年）。该项研究尤其指出，是低经济增长率推高了公共债务，而非相反情况[1]。这可能表明，那些拥有良好的国内主权债务市场的 G20 国家还有更多的财政刺激空间。

……使得各个国家步入财政整顿时期。

尽管总体缺乏有被挤出的迹象，但在 2010 年上半年，部分 G20 国家（尤其是欧洲各国）之间的主权债务差额显著增大（图 3.4）。这使得人们严重怀疑危机开始时所采取的部分财政刺激措施的中期可持续性。其中部分原因来自于这些国家在危机开始前所出现的财政长期可持续发展问题——这些问题在危机爆发后更加凸显。另外，这也可能体现了（机构）投资者在危机开始后风险厌恶度的提升，以及在经济开始复苏后对部分国家实体经济前景的意外担忧。不过最为重要的是，这可能与政府对金融行业的支持措施有关。这些措施将银行信贷风险转化为主权风险，尤其是那些国内金融市场不发达的小国（艾辛和莱姆克，2009 年）。

主权债务差额的急剧扩大、政府债券评级的不断降低以及随之导致的公共财政支出的增加，迫使部分国家政府实施财政整顿计划。这些已宣布的财政整顿计划规模往往超过最初的自行酌定刺激措施的规模（见表 3.3）。此外，这些计划绝大部分集中在那些易于快速实施的措施上，这些措施常常导致税收或社会保障分担费用的增加，并导致公共部门就业和工资水平的下降。由于这些措施通常具有最大的就业乘数效应，从而进一步延长了复苏进程。这一点将在下一章进行详细的论述。其中部分原因可能来源于原有体制。在这种体制下，很多支出责任下放给下一级的政府部门，而创收责任仍归中央政府，这将成为财政整顿政策取得成功的“绊脚石”。此外，鉴于这些财政整顿措施可能导致经济复苏“昙花一现”，最初设定的降低公共债务和赤字的目标可能无法实现。最后，目前制定和实施的这些财政整顿计划协调性的缺乏可能带来更为严重的后果（恩斯特和查普，2009 年）。在此方面，令人担心的是，一些国家（至少欧元区的国家）已开始制定具体的提案以在今年大幅降低财政支出，尽管这些国家仍有采取财政刺激措施的空间，同时也无视这样一个事实，即迄今为止正是公共支出帮助避免了失业率的进一步加大（国际劳工组织，2010a 和 2010b）。

---

1 从技术上讲，这是采用格兰杰因果关系检验对 GDP 增长率和公共负债率之间的时间序列所得出的结果。此外，他们的论文指出莱恩哈特—罗格夫分析中所使用的债务估算存在缺陷，这些缺陷无法很好地确定债务最低限值。

表 3.2　G20 国家公共债务和财政收支平衡变化

国家	公共债务占GDP的百分比					财政收支平衡占GDP的百分比				
	2007	2009	2010	2014	2015	2007	2009	2010	2014	2015
阿根廷	67.9	59.8	51.4	46.9	50.4	−2.1	−3.9	−3.5	−2.7	−2.2
澳大利亚	9.4	15.5	19.8	22.1	20.9	1.4	−4.1	−5.0	−0.7	−0.2
巴西	65.2	68.9	67.2	58.9	54.1	−2.7	−3.3	−1.5	−0.9	−0.7
加拿大	65.0	82.5	83.3	74.2	71.2	1.6	−5.1	−5.2	−0.4	0.0
中国	20.5	18.9	20.0	19.7	17.5	0.9	−3.0	−3.0	−2.2	−2.4
法国	63.8	77.4	84.2	94.3	94.8	−2.7	−7.9	−8.2	−4.6	−4.1
德国	65.0	72.5	76.7	82.0	81.5	0.2	−3.3	−5.7	−2.3	−1.7
印度	79.2	80.8	79.0	70.3	67.3	−4.4	−10.5	−9.2	−4.7	−4.4
印度尼西亚	36.9	28.6	27.5	23.8	23.1	−1.2	−1.6	−2.0	−1.7	−1.6
意大利	103.4	115.8	118.6	123.9	124.7	−1.5	−5.3	−5.2	−4.7	−4.6
日本	187.7	217.7	227.1	247.7	250.0	−2.4	−10.3	−9.8	−7.6	−7.3
韩国	29.6	32.6	33.3	28.5	26.2	4.2	0.0	1.1	2.9	2.9
墨西哥	38.2	44.9	44.5	42.4	42.4	−1.4	−4.7	−3.4	−2.7	−2.7
俄罗斯联邦	8.5	9.0	8.1	10.0	13.0	6.8	−6.2	−2.9	−3.5	−4.2
沙特阿拉伯	18.5	16.3	12.8	7.3	6.4	15.7	−0.8	5.3	6.3	4.9
南非	28.3	31.5	34.7	36.8	35.7	1.2	−6.1	−6.1	−2.5	−1.2
西班牙	36.1	55.2	66.9	89.8	94.4	1.9	−11.4	−10.4	−8.0	−7.7
土耳其	39.4	45.5	44.5	43.9	43.5	−1.7	−5.6	−3.4	−2.1	−1.9
英国	44.1	68.2	78.2	90.7	90.6	−2.7	−10.9	−11.4	−5.2	−4.3
美国	62.1	83.2	92.6	106.4	109.7	−2.7	−12.5	−11.0	−6.0	−6.5
G20国家（加权）	61.3	72.5	76.8	82.2	82.5	−0.9	−7.5	−6.8	−3.9	−3.9
所有国家（未加权）	53.4	61.2	63.5	66.0	65.9	0.4	−5.8	−5.0	−2.7	−2.5
发达国家（未加权）	66.6	82.1	88.1	96.0	96.4	−0.3	−7.1	−7.1	−3.7	−3.4
新兴国家（未加权）	40.3	40.4	39.0	36.0	35.3	1.1	−4.6	−3.0	−1.7	−1.6
G20发达国家（加权）	77.9	96.9	104.4	115.5	117.1	−1.7	−9.4	−8.9	−4.9	−4.9
G20新兴国家（加权）	37.3	37.4	37.0	34.3	32.7	0.3	−4.8	−3.7	−2.4	−2.5

注：平均值以2008年购买力平价（PPP）GDP权重为基础。
资料来源：国际货币基金组织（2010a）。

图 3.4　欧元区政府债券对德国政府债券的平均价差，2010 年 8 月（基本点）

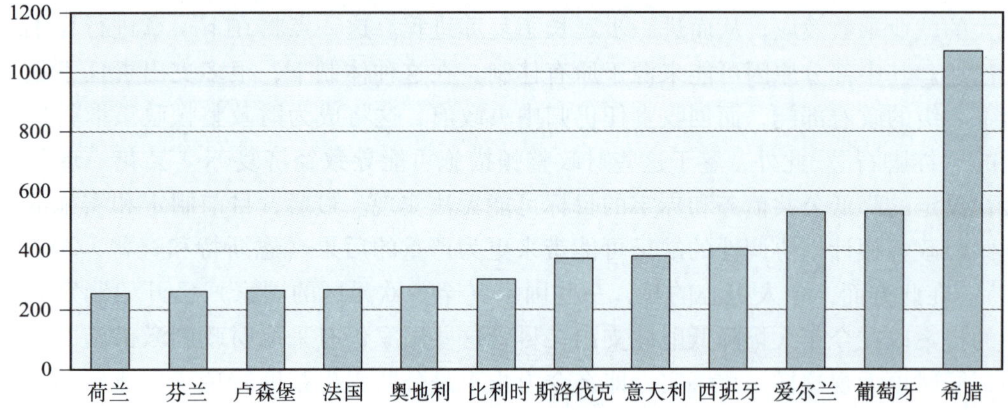

注：本图显示的是欧元区各国政府债券的长期利率与德国政府债券长期利率之间的价差。价差单位是基本点。

资料来源：国际劳工研究所根据 www.ecb.europa.eu/stats/money/long/html/index.en.html 的估算（2010 年 9 月 15 日获取该文件）。

表 3.3　G20 国家和部分欧盟国家的财政刺激计划与财政整顿计划的比较

国家（货币单位）	已公布的财政刺激计划金额（10 亿）	财政刺激计划占 GDP 的百分比（2008 年）	财政整顿计划金额（10 亿）	已拟定财政整顿计划金额占 GDP 的百分比（2009 年）
阿根廷（比索）	32.18	3.1		
澳大利亚（澳元）	67.90	5.8		
巴西（美元）	20	1.2		
加拿大（加币）	51.61	3.2		
中国（人民币）	4000	13.3		
丹麦（丹麦克朗）		3.1	24.5	1.5
爱沙尼亚（爱沙尼亚克朗）			20	9.0
法国（欧元）	26	1.3	100	5.1
德国（欧元）	81	3.3	80	3.3
希腊（欧元）			30	13.0
匈牙利（福林）	3200	12.0		1.6
印度（卢比）	1860	3.5	55	0.1
印度尼西亚（印度尼西亚盾）	69300	1.4	9900	0.2
爱尔兰（欧元）			13.85	8.5
意大利（欧元）			24.9	1.6
日本（日元）	56800	11.2		
拉脱维亚（拉特）			1	7.6
立陶宛（立特）			5.3	5.6
荷兰（欧元）	6	1.0	16.5	2.7
葡萄牙（欧元）	2.18	1.3		3.4
韩国（韩元）	67200	6.6		
罗马尼亚（欧元）			1.7	1.4
俄罗斯联邦（卢布）	1576	3.8		
斯洛文尼亚（欧元）	0.86	2.3		4.0
南非（兰特）	92.13	4.0		
西班牙（欧元）	25.7	2.3		8.2
土耳其（里拉）	57.87	6.1		
英国（英镑）	20	1.4	128	9.0
美国（美元）	787	5.5		

注：有关财政整顿措施的更多详细情况，见表 3.4。

资料来源：国际劳工研究所基于各国数据所做的估算；经济合作与发展组织（2009b）；国际货币基金组织（2010b）；张等（2009 年）。

表 3.4　G20 国家和欧盟国家财政整顿计划概览

国家	税收的有效增加额	用于社会保障支出的有效降低额	公共部门支出的削减	其他支出的削减
澳大利亚	×			
加拿大			×	×
丹麦	×	×	×	×
爱沙尼亚	×	×		×
法国	×	×		
德国	×	×		×
希腊	×	×	×	×
匈牙利	×		×	
印度	×	×		
印度尼西亚	×			
爱尔兰	×	×	×	
意大利		×	×	
拉脱维亚	×	×	×	
立陶宛	×	×	×	×
荷兰		×	×	×
葡萄牙	×		×	×
罗马尼亚		×	×	
斯洛文尼亚				×
西班牙	×	×	×	×
英国		×	×	×

注：本表显示的是 2015 年前上述国家在四大领域计划或实际采取的整顿措施。税收措施包括提高特许权税、个人和资本收入所得税以及金融服务税。社会保障支出的降低包括与公共养老、医疗保健、教育和失业救济体系相关的措施。公共部门支出的削减包括降低工资和/或在公共部门进行裁员等。其他支出削减包括减少在基础设施、军费和对外援助方面的支出。

资料来源：国际劳工研究所基于各国提供的数据。

尽管目前仍有继续采取经济刺激措施的必要，但从长远来看，回归至安全的财政状况似乎非常合理。不过，鉴于财政收入的下降，如果仅仅通过削减支出或者重新走向更高的经济增长率，由于此次危机的严重程度，要重新恢复公共财政的可持续发展可能需要耗费很长的时间，也就可能无法实现保持财政收支平衡的目标（宫崎，2010 年）。同时，如果完全靠削减支出来恢复公共财政的健康状况，不仅会在经济发展，也会在社会公正方面带来问题：事实上，目前企业以及中高收入人群的税收负担已经得以减轻。相反，已公布的财政整顿计划主要是针对社会保障和劳动力市场支出计划，而这些计划往往以牺牲低收入家庭或那些在劳动力市场上处于高风险（失业、非典型工作状况；有关已公布或已实施整顿计划的概要，见表 3.4）的就业人群的利益为代价。此外，很多整顿计划中包括的公共部门降薪以及裁员措施已对劳动力市场带来了直接负面影响。在经济稳定时期，这些整顿措施可能更为适宜。然而，在目前的情况下，由于存在大量闲置的劳动力，实施这些措施的时机尚不成熟，并且可能使得劳动力市场的危机进一步恶化（阿尔穆尼亚等，2010 年）。基于第二章中有关危机的社会层面影响的讨论，各国政府可以在考虑调整税收收入政策的同时找到恢复财政状况健康发展的更为平衡的方法。在此方面，各国（尤其是那些总体税收负担较低的国家）可以考虑进一步推广一些措施，例如对商品出口和矿产品（临时）提高税收的措施（如，澳大利亚近期宣布实施的“资源超额利润税”）。

第二节　危机时期的财政政策对就业状况的影响

首先，迄今为止，财政刺激政策尚未挤出个人需求……

迄今为止，政府支出计划似乎尚未挤出个人消费或个人投资。事实上，在危机期间，受快速转向宽松货币政策的影响，很多国家的（政府债券）长期利率持续下降（图 3.5）。仅仅在那些人们对其财政状况的长期可持续发展表示担忧的国家，长期利率出现了显著的提高。不过，经济复苏完全兑现所需要的时间越长，公共支出的数额越大，对（长期）利率产生影响的可能性也就越大，从而将最终挤出个人支出。这种后果真正兑现可能需要一定的时间，并且部分取决于市场参与者对经济复苏速度和格局（不断转变）的看法。此外，如要快速提升长期利率，通货膨胀预期必须大幅度增加。在目前的关键时刻，随着很多（发达）经济体的 GDP 产值差距仍然较大，加之全球劳动力人口老龄化带来的通货紧缩压力，通货膨胀前景可能趋于温和。不过，鉴于长期利率同样包括反映未来不确定性的风险溢价，对经济发展的看法和风险厌恶度突然发生转变，可能导致公共支出计划对私营经济带来突然性的非线性影响（霍夫等，2009 年）。

……并且已对各国（尤其是新兴经济体）的就业状况造成了显著影响。

在帮助避免失业率的进一步上升以及使劳动力市场摆脱经济危机的影响而走向复苏方面，政府支出计划似乎发挥了至关重要的作用。尤其是新兴和发展中国家的政府利用可用的财政空间来实施部分（尽管规模较小）为遏制危机的反周期措施。这是一种与早期状况截然不同的可喜变化。在早期，这些国家往往受到顺周期的财政紧缩政策影响，这是因为有限的财政空间迫使它们控制支出并提高税收标准（往往是与贸易有关的税收），以便保持收支平衡（有关撒哈拉以南非洲的经验，见专栏 3.1）。

不过，人们对今后公共支出的增加可以在多大程度上促进就业并未达成共识。目前，绝大多数就政府消费对经济产出和个人消费影响的评估似乎表明，发达和新兴经济体的政府支出的影响都很大，尤其是更长期的影响。部分研究表明，发达国家普遍存在财政乘数效应（巴罗和雷德利克，2009 年；布兰查德和佩罗蒂，2002 年；莫特福德和乌里希，2009 年；佩罗蒂，2005 年；罗默和伯恩斯坦，2009 年），而新兴和发展中国家的财政乘数效应并不明显（达乌迪等，2010 年；艾尔兹基和韦格，2008 年）。同时，其他特征，如贸易开放度和是否存在功能正常的

图 3.5　长期利率变化与财政收支平衡变化之比，2007—2009 年（百分点）

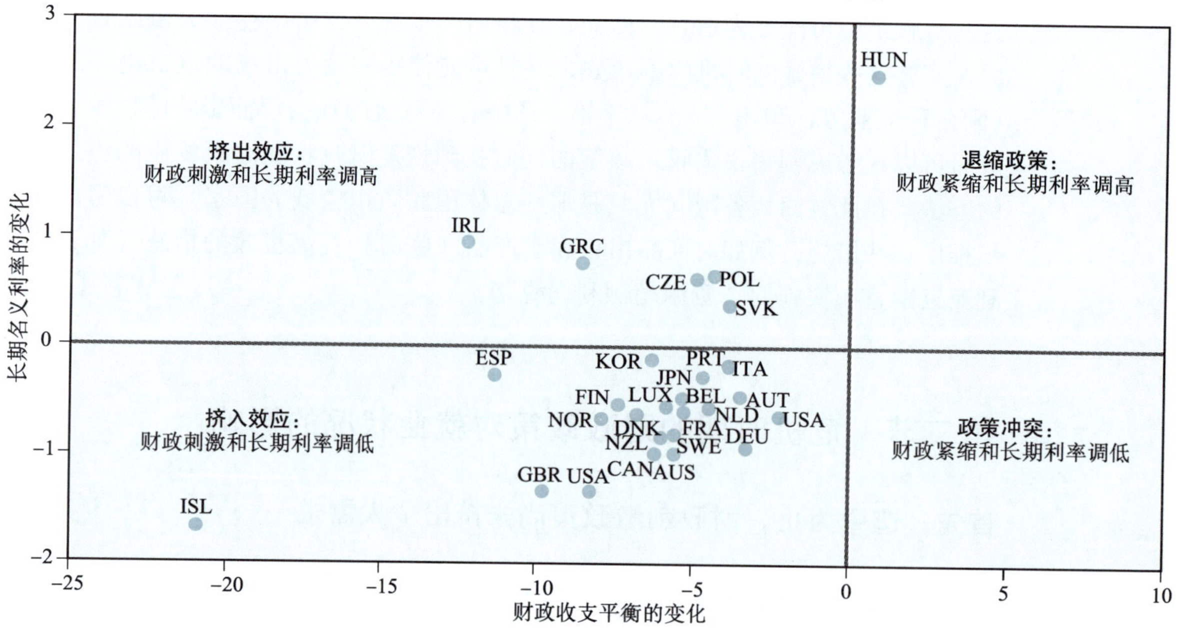

注：该图显示了：（1）2007—2009 年期间财政收支平衡的变化，即政府总净借贷额占 GDP 百分比的差额；（2）同一时期，政府债券长期名义利率的变化。所包括的样本国家的缩写为：AUS：澳大利亚；AUT：奥地利；BEL：比利时；CAN：加拿大；CHE：瑞士；CZE：捷克共和国；DEU：德国；DNK：丹麦；ESP：西班牙；FIN：芬兰；FRA：法国；GBR：英国；GRC：希腊；HUN：匈牙利；IRL：爱尔兰；ISL：冰岛；ITA：意大利；JPN：日本；KOR：韩国；LUX：卢森堡；NLD：荷兰；NOR：挪威；NZL：新西兰；POL：波兰；PRT：葡萄牙；SVK：斯洛伐克；SWE：瑞典；USA：美国。

资料来源：国际劳工研究所基于国际货币基金组织数据的估算（2010a）。

（国内）金融市场，似乎也会影响财政政策的有效性。在实际争论中，是否存在功能正常的（国内）金融市场这一点尤其受到关注，这是因为从理论上讲，在投资者面临流动性陷阱的情况下，模拟的财政乘数可能是正常情况下财政乘数的一倍多（克里斯蒂安诺等，2009 年；伍德福德，2010 年）[1]。最后，目前还很少，甚至没有，迹象表明财政政策变动会对就业状况带来影响。

为了更准确地认识政府支出对就业状况的影响，国际劳工研究所估算了部分发达国家和发展中国家的就业乘数[2]。估算出的就业乘数很大，尤其是长期乘数（图 3.7）。例如，美国的短期就业乘数为 0.1%，长期乘数为 0.3%。如果按照国际观察家在危机开始后所建议的那样，将政府支出对 GDP 之比增加 3%，就可以在短期内将就业率提高 0.8%，在长期内将就业率提高 2.3%。实际财政刺激计划的金额要大得多，最高达到 GDP 的 10% 左右。这些计划有效地避免了就业率大约 2.5% 的下降幅度，并可能创造从长期来看相当于总就业人口 7.5% 的就业机会，从而能够足以吸纳目前的大部分失业人口。图 3.7 还表明，发达国家就业人口对

1　当一国的货币政策不再影响实体经济时，该国的经济就会陷入所谓的“流动性陷阱”。当本国利率接近零利率以下水平、货币政策不能再调低利率（即名义利率原则上不能低于零）时，或者当利率的进一步调低和/或货币供应量的增长只会提高家庭和企业的现金持有量而不会影响其消费或投资决策时，就可能出现“流动性陷阱”。

2　根据艾尔兹基和韦格（2008 年）开发的方法，利用结构化向量自回归（SVAR）技术进行了估算；有关该方法的具体阐述，参见艾古和拉尼（2010 年）的文章。

专栏 3.1　顺周期财政政策对就业状况造成的威胁：以撒哈拉以南非洲为例

欧洲那些公共债务快速增加的国家政府目前所面临的困境已导致人们对顺周期紧缩政策的潜在效益产生了疑问。部分观察家认为，民众信心的改善以及因公共支出削减所导致的风险溢价的降低，可能抵消此类政策变动对社会总需求的直接负面影响（艾莱斯那和阿德格纳，2010 年）。不过，这些看法可能仅仅适用于特定的条件，与发展中国家的关联性相对不大。本专栏将探讨顺周期公共支出对撒哈拉以南非洲国家就业的巨大消极影响。

撒哈拉以南非洲国家过去曾遭受高顺周期政府支出模式的影响（佛法克，2010 年；桑顿，2008 年）。有限的财政空间以及绝大部分的政府收入与波动性收入构成部分（如商品贸易和汇款）紧密相关的事实，限制了该地区许多国家在经济发展周期内理顺经济活动和创造就业的能力。这已证明对该地区的可持续创造就业状况造成了巨大的破坏作用（图 3.6）。事实上，顺周期公共支出政策所导致的经济活动波动性的增加对就业状况的平均破坏程度超过了非周期性公共支出（即不针对周期性状况做出反应的公共财政）的破坏程度。此类波动性的增加通常会抑制私人投资、增加风险溢价，对于那些中小型企业尤其如此，从而对新增就业状况带来严重压力。比如，坦桑尼亚是一个顺周期公共支出相对高的国家，如果 1991—2008 年期间，该国的顺周期支出保持与纳米比亚同样低的程度，坦桑尼亚就可以为本国每年增加近 17 万个就业岗位，相当于现有就业人数的 10%。

图 3.6　撒哈拉以南非洲净增就业人口与顺周期政府支出程度的比较，1991—2008 年（年百分比增长）

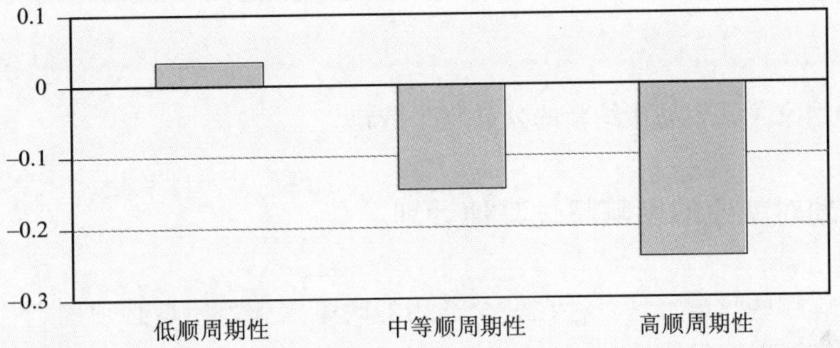

注：净就业增长是指 1991—2008 年期间就业增长与劳动力增长（复合增长率）的差值。有关专家采用净就业增长的未加权平均值创建了百分位点，并基于桑顿（2008 年）的研究成果，对政府支出顺周期性程度与 GDP 增长率之间进行了比较。这些国家包括：贝宁、博茨瓦纳、布基纳法索、布隆迪、喀麦隆、中非共和国、乍得、刚果、赤道几内亚、埃塞俄比亚、加蓬、冈比亚、加纳、几内亚比绍、科特迪瓦、肯尼亚、莱索托、利比里亚、马达加斯加、马拉维、马里、毛里塔尼亚、毛里求斯、莫桑比克、纳米比亚、尼日尔、尼日利亚、卢旺达、塞内加尔、塞拉利昂、索马里、斯威士兰、坦桑尼亚、多哥、乌干达、赞比亚、津巴布韦。

资料来源：国际劳工研究所基于桑顿（2008 年）和国际劳工组织劳工统计数据库的估算。

政府消费所受冲击的反应程度似乎大大低于发展中国家。所有发展中国家的影响乘数均高于发达国家的影响乘数。例如，阿根廷和南非的影响乘数分别为 0.6 和 0.3，而其长期乘数则是那些发达国家的一倍多。在发展中国家中，中国的短期影响乘数最小，仅略高于意大利。从长期影响来看，新兴经济体的影响乘数要大大超过发达经济体。其中部分原因可能是在非正规经济规模较大的新兴经济体中，劳动力供应对正向需求冲击的反应程度更大。此外，政府支出产出乘数表明发达经济体和新兴经济体的规律类似，在新兴经济体中，社会总需求是最大的限制性

图 3.7　政府支出的就业乘数估算值

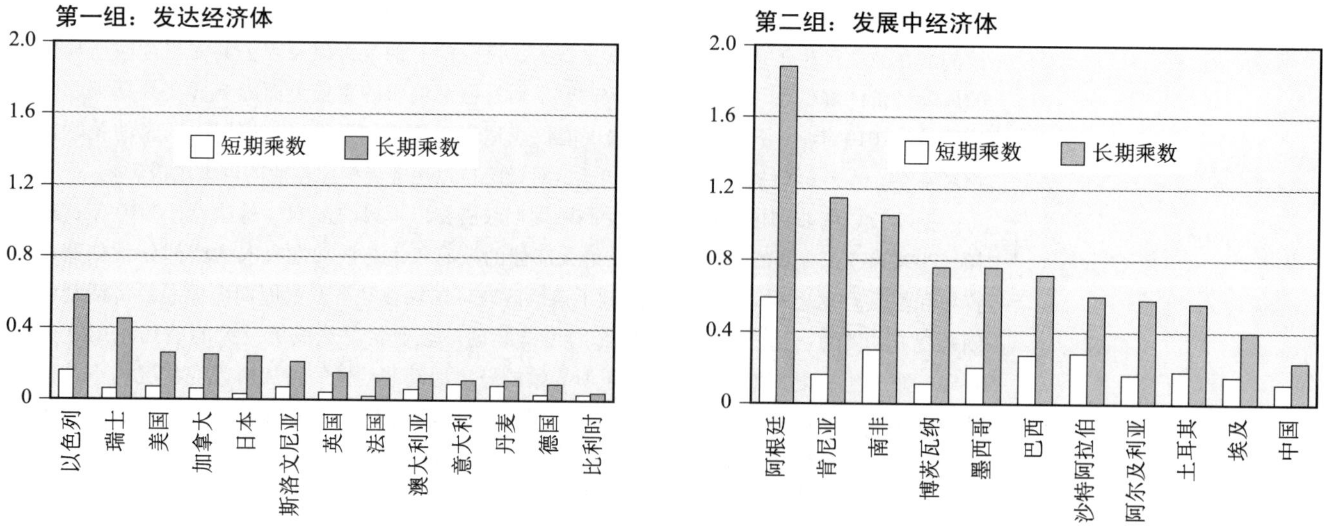

注：该图显示的是一年后（短期）和五年后（长期）政府消费增加后的估计就业乘数。该估算值涵盖了1980—2008 年期间的数据（以年为基准）。就业乘数是“脉冲响应”除以政府支出对 GDP 平均比率后的比值。例如，阿根廷的就业乘数为0. 6，也就是说政府每增加1%的额外消费，在短期内就业将增加0. 6%，在长期就业将增加1. 9%。

资料来源：国际劳工研究所基于国际货币基金组织（2010a）和国际劳工组织劳工统计数据库的估算。

因素，使得这些国家尤其容易接纳新的公共刺激措施。

其次，部分计划对就业的影响超过其他计划。

各国应该实施哪些政策？是否存在一个通用的政策措施，还是必须确定一些具体的政策干预措施以确保成功？

在目前的关键时刻，由于宏观经济状况严重不利，有关劳动力市场促进计划有效性的现有证据在帮助选定不同政策选择方面所起的作用非常有限。在过去经济更为稳定的时期，人们已对某些政策（如求职援助和培训计划）对刺激就业增长和使失业工人重新就业方面的重要性达成了部分共识，即便人们几乎无法获得有关这些计划在成本效益比方面的明确证据。[1] 同时，目前也没有有关那些将宏观经济状况和金融行业危机情况考虑在内的劳动力市场政策有效性的证据。但是，由于基于总体宏观经济环境的不同政策乘数差别很大，如果各国政府希望确定正确的政策，就必须将上述问题考虑在内。在本节中，我们将介绍一种全新的方法，该方法旨在重新构建（至少部分如此）劳动力市场政策与经济和就业总体状况之间的联系。基于有关失业动态状况的新数据库，我们分析了财政政策和劳动力市场政策对宏观经济和微观经济的影响。尤其是，我们分析了失业动态变化状况与财政变量之间的相互影响，考虑了劳动力市场政策的成本对宏观经济的潜在不利影响。这使我们能够明确考虑劳动力市场政策对政府财政状况的影响，并对现有

1　有关最近该领域现有研究的元分析，见卡德等（2010 年）。

环境下政策的有效性进行更加准确的判断。[1]

各国的劳动力市场在遭受危机后面临更多不同的挑战。因此，要评估适宜的政策选择，就应更加深入具体地区分不同的通用财政政策和特殊的劳动力市场政策。这将有助于评估政策转变的时机，即政策必须在何时从促进收入增长的政策转向推动劳动力市场长期调整进程的政策。在此方面，政府总消费（不含利息支付）分为工资性和非工资性政府支出，工资性政府支出主要是公共就业支出，而非工资性政府支出则主要用于那些直接促进私营部门消费的政策的支出。各种劳动力市场计划同样属于这一类型，这些计划将在以下分析中进行具体的阐述。这些劳动力市场计划的第一个明显区别是主动措施还是被动措施。主动措施包括直接创造就业机会、招聘优惠政策、培训计划以及在公共就业服务方面的支出。而被动措施则包括所有那些为维持收入不变的措施，至少暂时如此。

基于上述分析，政府一般支出似乎对创造就业率拥有很大的影响。根据上述有关就业乘数的证据，此处的分析表明，某些支出计划的长期影响超过其短期影响（见图 3.8 的第一组）。另一方面，公共就业似乎对创造就业的影响更为有限，尽管它在危机爆发之初在防止就业状况的恶化方面发挥了重要作用。

该分析还有助于更加具体地阐述各种不同的劳动力市场计划，包括被动措施和主动措施（见图 3.8 的第二组）。此外，重点关注宏观经济状况以及对各种劳动力市场计划进行具体的分析，可以更加深入具体地认识各国目前面临的不同政策之间的得失权衡。尤其是，直接在公共部门以外创造就业似乎将带来很大的净损失成本，这是因为这种方式只会显著降低对就业的破坏状况，而不会明显增加新增就业机会。换言之，这些计划往往有利于那些目前已有工作的人，或者那些在此类政策出台前就已有工作的人。在考虑这种政策的长期影响时，也证实了直接创造就业的计划在经济上或统计学上不会对实际的创造就业状况带来显著影响。相反，雇佣补贴似乎从短期和长期来看，对创造就业的预期影响超过对就业破坏状况的影响。

培训计划和公共就业服务支出对创造就业机会具有预期的（正面）影响，从而验证了现有文献中的证据。不过，估算的影响未考虑样本国家的公共就业服务（PES）或培训计划的具体设计情况。部分国家可能已经发现，上述政策如果能与设计良好的失业救济金计划共同实施，对劳动力市场带来的影响要好得多。不过必须指出的是，由于参与某些计划必须在失业登记部门进行官方登记[2]，这些计划往往会带来已测定失业率（计划设计重要性的一项指标）的增长。

因此，这些计划不仅是使失业工作者再就业的有效方式，同时似乎也是刺激那些目前与劳动力市场关联极其有限，或者那些集体退出劳动力市场人员就业积极性的一种有效手段。不过，上述部分政策对宏观经济的长期影响程度似乎不及其短期影响程度，其部分原因在于这些计划的高成本往往对公共财政带来巨大压力。事实上，个人在就业配对率改善以及工资水平提高方面的长期获益可以抵消这些成本，而估算数据未将这些问题合理考虑在内。

---

1 有关实证策略的详细讨论、估算方法以及估算结果的概述，参见网站 www. ilo. org/inst 以及恩斯特（2010 年）的论述。值得注意的是，由于数据有限，本节中的分析及下一节中的情景模拟仅限于 G20 发达国家。

2 在一定程度上，公共就业服务和培训支出增长后失业率的增加可视为一种统计假象：这些措施尤其针对那些非活动人群以使其重返劳动力市场，导致可测定的失业率增长的同时非活动率也在下降。

图 3.8　部分发达经济体的不同政策选择对创造就业机会的预期影响

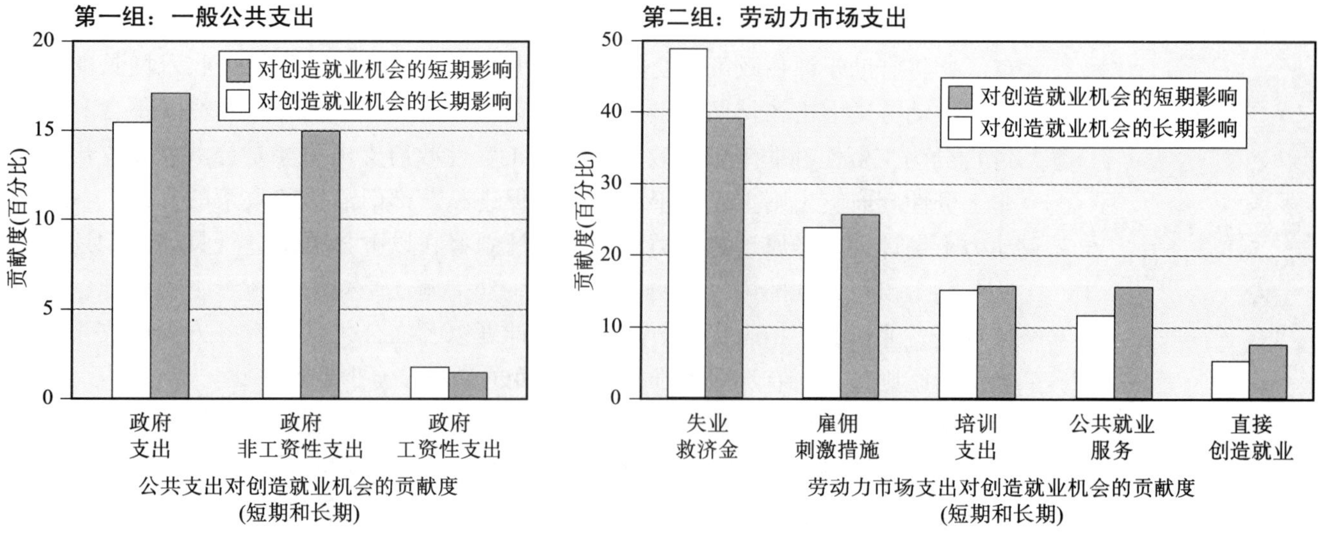

注：该图显示的是 14 个发达经济体的不同财政政策和劳动力市场政策对创造就业机会（按照摆脱失业的人口来计算）的贡献度（百分比）。对照不同国家创造就业率的总变量以及各个样本国家每项政策的平均支出对贡献度的影响进行了测度。柱状图中，每个柱条代表相关政策对就业影响的估算值，并与其他政策对就业影响的估算值进行对照。短期影响以外部利率为基础，而长期影响则考虑到了政府债务增长对长期实际利率的影响。有关具体的估算结果及方法，参见 www. ilo. org/inst 和恩斯特（2010 年）。

资料来源：国际劳工研究所，基于恩斯特（2010 年）的研究成果。

最后，在失业救济金对劳动力市场变化状况的影响方面，这些劳动力市场政策的短期和长期影响似乎最为明显。此外，这些失业救济金制度如果得到建立，将对创造就业机会产生积极影响，并有助于减少对就业市场的破坏。这也验证了此类政策在经济稳定政策框架内的重要性。与有关微观经济的文献中所表达的担忧所截然相反的是，本分析的结果表明，这些福利制度对劳动力市场流动状况具有稳定性作用，从而不会过度扭曲就业离职的进程。事实上，部分作者指出，受为保持收支平衡必须使用的福利制度的影响，税收楔子的顺周期演变可能增加失业流入率，从而延长劳动力市场的复苏步伐（丹・哈恩，2007 年）。以上研究结果显示这种影响并不特别明显；相反，根据其他研究结果，如阿西莫格鲁（2001 年）的研究显示，此类福利制度对社会总需求的稳定作用似乎大大超过了其可能带来的净损失成本。

再次，财政政策对就业状况的影响取决于各国的具体情况，尤其是公共债务水平……

依据公共债务的最初水平对不同财政干预政策的有效性进行评估，印证了人们此前的担忧：绝大多数类型的支出（包括用于劳动力市场政策的支出）的有效性逐渐递减，直至忽略不计（图 3.9）。[1] 随着公共债务水平的增长，个人借贷者

1　在本节中，政策有效性是指某项具体的政策对与失业流出率的预估影响相关的系数的估算值。有关具体的回归分析结果，见欧内斯特（2010 年）。

图 3.9　在不同的公共债务率水平下，不同支出政策对就业状况的预估影响

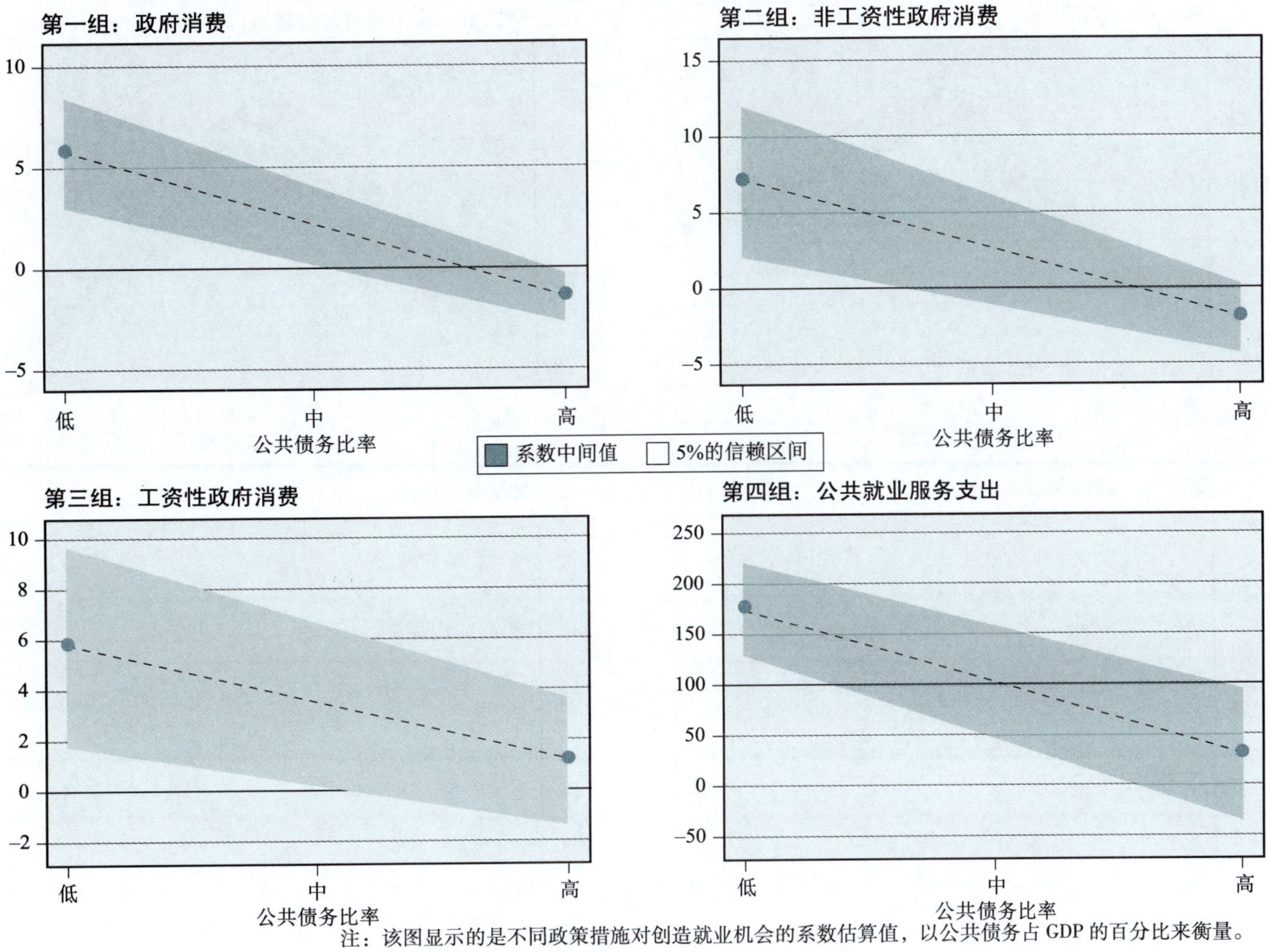

注：该图显示的是不同政策措施对创造就业机会的系数估算值，以公共债务占 GDP 的百分比来衡量。

资料来源：见国际劳工研究所网站 www. ilo. org/inst。

将发现越来越难以合理的利率为其消费和投资计划融资，从而推高长期利率。部分个人支出计划将因此推迟，使得存款利率受到支撑，不过是以顺周期的形式，从而使得经济复苏步伐放缓（阿方索，2008 年；罗恩，2010 年）。必须指出的是，以下列举的研究结果表明，这些影响不会对社会总需求造成直接影响：即便那些可能直接增加社会总需求的支出部分（如公共部门工资支出）无法有效创造就业机会情况也是如此。相反，如果政府支出要对经济活动产生最大限度的影响，财政政策和货币政策就必须保持协调一致。当货币政策的决策者提高利率，与政府增加支出出现不协调时，该项政策对经济活动的正面影响就可能很小，甚至毫无正面影响，即便短期内也是如此。因此，各国中央银行的利率政策应取决于经济周期状况：当该国经济接近或到达其发展潜力时，货币政策决策者就不应保障新增财政支出对经济活动施加有效影响，而在经济出现严重疲软（如目前的情况）时，就应力保新增财政支出对经济活动有效施加影响。

图 3.10　在不同的结构性失业率水平下，不同政府支出政策对就业状况的预估影响

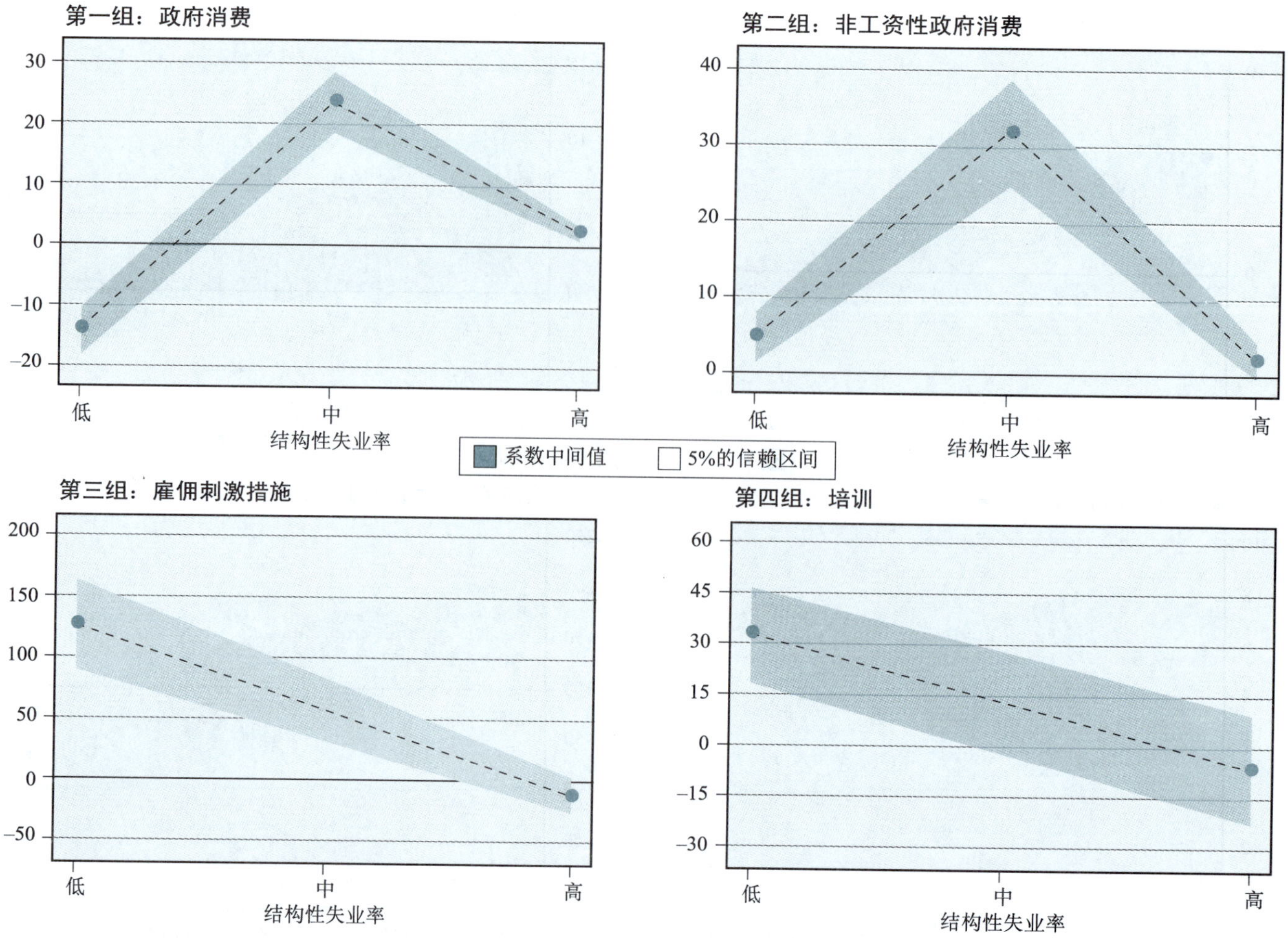

注：该图显示的是在不同的结构性失业率水平下，不同的政策措施对创造就业机会的影响估算系数值。

资料来源：见国际劳工研究所网站 www. ilo. org/inst。

……以及结构性失业……

此次危机尤其令人关注的一个问题是长期或结构性失业[1] 的预期增长。事实上，所有经济合作与发展组织国家的结构性失业都在不断上升，部分新兴国家也明显出现了类似的情况，因此必须采取相应的劳动力市场政策，使那些正在脱离劳动力市场或者已经离开劳动力市场的人重返工作岗位。在此方面，估算数据显示，要解决这个问题任务非常艰巨。事实上，由于结构性失业率很高，一般政府消费的作用已经失效，无论支出中的哪个组成部分均是如此（见图 3.10 的第一组和第二组）。对劳动力市场政策进行更加具体深入的分析验证了这一结果：当结构性失业率出现增长时，那些通常被视为在激发长期失业人口的积极性方面具有重大作用的政策（如雇佣刺激措施和培训计划）的有效性不断降低（见图 3.10 的第三组和第四组）。

1　在本章中，长期失业和结构性失业的概念两者将互换使用，以确定那些对政策刺激措施（如自动稳定器机制或更有针对性的劳动力市场措施）反应很弱或者根本没有反应的劳动力细分市场特征。通常，当结构性失业率不断增长时，宏观经济政策将更快地恢复至正常状态，以防止通货膨胀压力的不断加大。

图 3.11　在不同金融市场压力程度下，不同支出政策对就业状况的预估影响

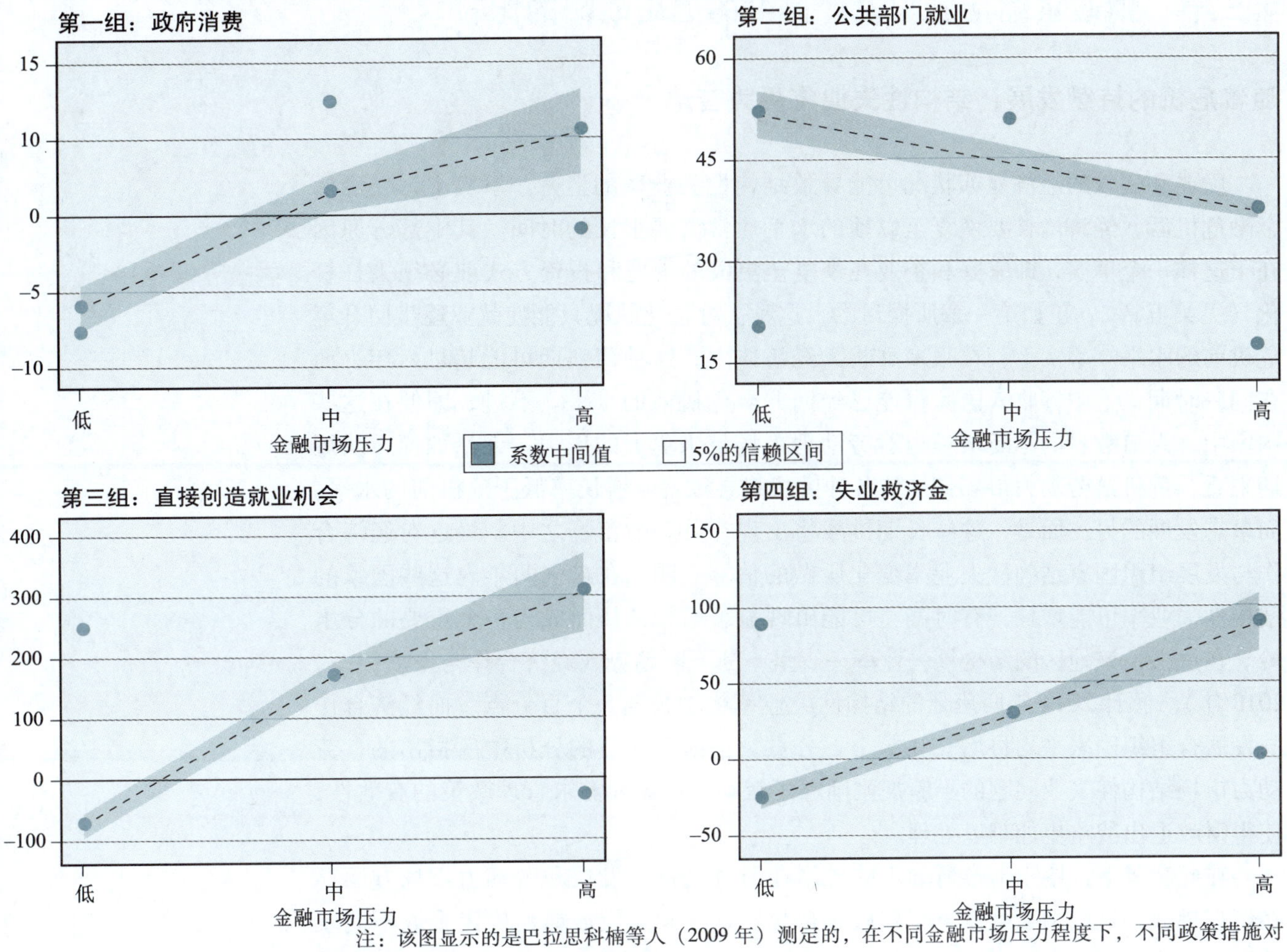

注：该图显示的是巴拉思科楠等人（2009 年）测定的，在不同金融市场压力程度下，不同政策措施对创造就业状况的影响的系数估算值。

资料来源：见国际劳工研究所网站 www. ilo. org/inst。

……以及金融市场的状况。

了解金融市场所遭受的压力，对于认识目前危机中政府支出的有效性具有尤其重要的意义（图 3. 11）。事实上，正如前文所提及的以及第五章将要详细探讨的，部分研究人员已指出金融市场状况可能显著改变实体经济的运行情况，使财政政策成为提高生产能力和创造就业机会的唯一有效工具。图 3. 10 所表示的结果似乎支持了上述观点，尤其是有关政府一般支出的问题，更为具体地是有关提高劳工收入和直接创造就业机会的措施。其他仍在实施的、用于劳动力市场的支出计划也存在类似的结果。不过必须指出的是，该结果似乎不适用于在公共部门扩大就业机会。上述结果表明，在经济状况更为稳定的环境下，扩大公共部门的就业机会有助于创造更多的就业。其中一个原因可能是，在危机期间扩大公共部门的就业机会实际上会使财政可持续发展前景恶化，从而进一步加大对金融市场的压力，并对实体经济带来负面作用。这也可能是那些实施财政整顿计划的国家将支出专门投入这一项目——一个公共支出效率尤其低下领域的原因之一。

第三节　财政紧缩措施与设计良好的退出战略的比较

随着危机的持续发展，结构性失业将更为普遍……

脆弱和疲软的经济复苏状况可能导致结构性失业率的上升。事实上，在经历金融危机后，经济增长要恢复至以前的水平通常需要很长的时间。其中部分原因在于这样一个事实，即家庭和企业在恢复至更大的消费和投资方式前必须去杠杆化（见第五章）。正如第一章所探讨的，这种去杠杆化状况只能使就业逐步回升至危机前的水平。事实上，在很多高收入经济体中，这种调整期可能超过六年，而在同一时期，上中等收入国家可能已经回升至危机前的水平。不过，即便在这些国家中，人口数量的不断增长也对劳动力市场带来更大的压力。无论如何，从短期来看，危机给劳动力市场带来的各种挑战将导致就业增长率低于危机前的水平。而事态发展的另一面是，这些长期挑战将出现在劳动力市场之中。最近对经济合作与发展组织国家结构性失业率变化所做的估算表明，在未来两年内这些国家的结构性失业率可能增长，有时甚至可能出现显著增长，从而成为一个重要的分水岭。在过去，该地区的结构性失业率一直呈不断下降趋势（经济合作与发展组织，2010 年）。预计 2011 年西班牙的结构性失业率将增长 3.5 个百分点，而经济合作与发展合组织国家平均将增长 0.5 个百分点。正如前一节的分析中所指出的，劳动力市场结构性失业问题的不断加剧削弱了劳动力市场和需求管理政策的有效性，使得财政退出战略更加难以处理。

在此背景下，鉴于本章所确定的各国在财政可持续发展和劳动力市场方面存在诸多挑战，这些国家可以有哪些政策选择？这些国家应该如何确定采取不同政策干预措施的时机并相互进行协调？在目前的关键时刻，G20 发达国家可以选择的政策有三种情形（图 3.12）。这些情形对这些不同政策所选择的时机以及不同国家之间的协调提供了部分值得借鉴的普遍经验。尤其是，这些情形表明存在部分增强劳动力市场复苏的政策选择。更为重要的是，如果这些国家希望防止就业状况的进一步恶化，就必须避免采取某些政策。

基准情形显示，以就业为中心的政策将如同危机开始后那样持续实施下去。尽管这些措施在短期内会给公共财政带来很大的压力，但其在五年之内所导致的财政赤字将与那些过早退出战略所导致的财政赤字相当。尤其是，这些政策更加注重劳动力市场措施，将抑制就业破坏状况的进一步加剧、避免工资水平不断下降并创造更多的就业机会。

相反，全球从就业为中心的措施转向财政整顿，将使得就业前景明显恶化。这种财政整顿措施只能在短期内改善财政收支平衡状况。不过，必须指出的是，这种改善只是昙花一现，并且将导致劳动力市场发展状况的明显恶化。分析表明，如果目前就采取紧缩措施，G20 发达国家的就业状况在五年之内就可能下降 4%（与基准情形相比）。在采取过早退出措施后不久，财政赤字将再度加剧。这体现了以下事实：（1）很多工作者将退出劳动力市场，使得整个经济发展丧失众多重要的人力资源，并降低税收基数；（2）如上所述，由于过早退出措施导致的失业和劳动力市场不活跃与公共支出有着紧密的关联。如果全球范围内均采取财政整顿措施，刺激计划过早退出所导致的负面影响将尤其显著：在这种情况下，世界贸易的增长率将无法恢复至此前的水平，并将对社会总需求和就业状况带来进一

图 3.12 摆脱危机的情形

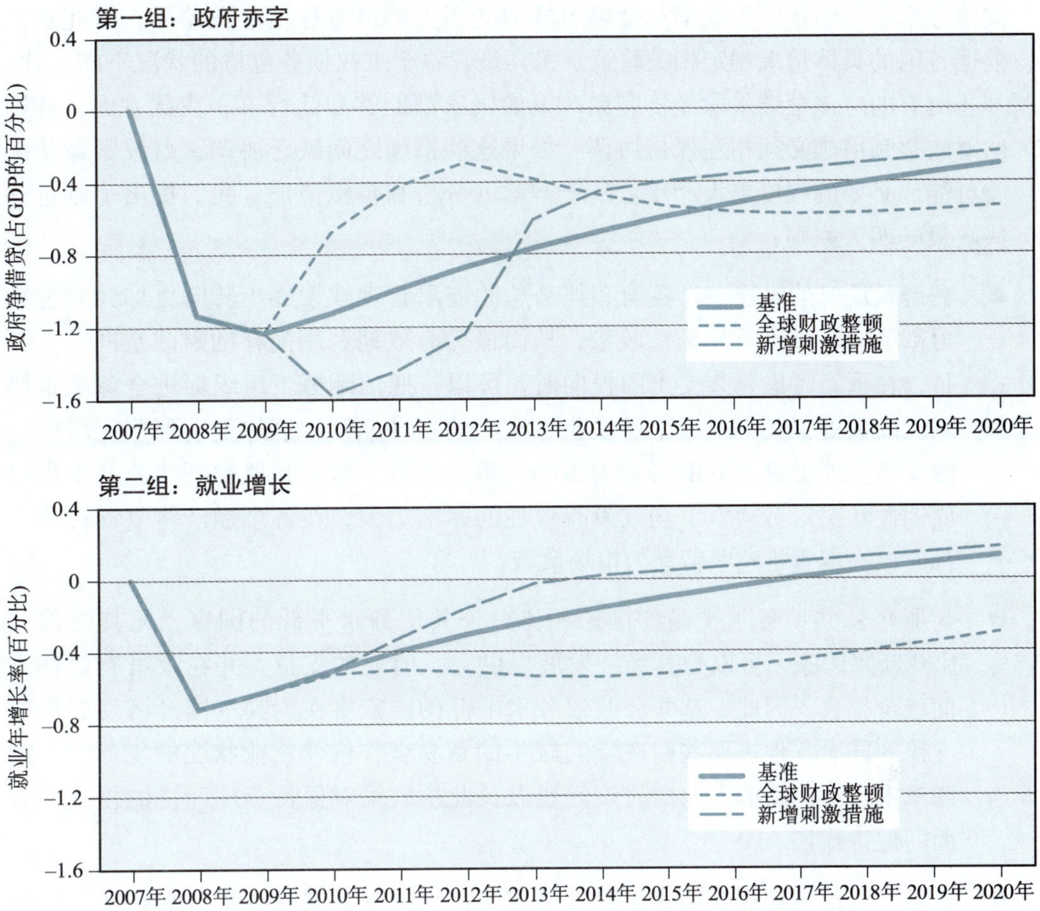

注：该图显示的是三种摆脱危机的不同情形。情形 1 是目前的政策；情形 2 是全球财政整顿政策，在此情形下，全球贸易的增长率仅为危机前的一半（从 2010 年开始）；情形 3 是三年内（从 2010 年开始）再削减占 GDP 3% 的刺激计划，此后恢复至基准情形中的公共财政水平。

资料来源：见国际劳工研究所网站 www. ilo. org/inst。

步的不利影响。换言之，无视全球经济发展现状、各国财政紧缩政策之间缺乏有效的协调，可能使得经济复苏进一步受到拖累。

模拟情形表明，与那些整顿措施相反的是，各国应该充分利用其可用的财政空间。事实上，这些国家甚至可以考虑在未来三年内将其支出再增加 GDP 的 3% 左右。正如模拟情形中所指出的，此类新增支出将导致就业市场产生强劲反应，足以弥补此前公共财政恶化所造成的损失。在最初的新增支出措施实施后的四年内，公共赤字水平将最终低于基准情形中的赤字水平。从上述讨论可以看出，在那些仍存在部分财政空间并且劳动力市场挑战继续成为社会总需求疲软的原因之一的国家中，上述情景是完全可能发生的。

不过，以上三种情形都没有考虑到危机给劳动力市场带来的结构性挑战。这些模拟情形未合理考虑到第一章所描述的劳动力市场不活跃以及不同行业间资源和就业岗位的再分配，因此必须按照此前所讨论的路线方针来实施政策措施。不过，鉴于这些措施也可能对财政状况产生部分影响，模拟情形显示，那些短期内对社会总需求产生影响的措施在中期会对劳动力市场产生最佳的影响，并且同时具有改善财政收支平衡的潜力。

本章的分析表明，由于各国的经济复苏进程各不相同，尤其是由于各国的公共债务水平、结构性失业率和金融市场遭受压力的严重程度存在差异，因此必须根据各国的具体情况制定相关政策。尤其是，鉴于主权债务危机的状况不断恶化，并非所有的应该继续采取经济刺激政策的国家都能够如此行事。在此方面，各国的财政整顿措施必须相互保持协调。如果这些措施之间缺乏协调，财政紧缩状况就可能比必要的程度更为严重。基于本章的分析和模拟情形，我们提出了制定这些政策的四大原则：

- 在摆脱危机的过程中，各国必须从总的需求管理政策逐步转向更加针对劳动力市场的政策以及结构性政策，从而最为有效地利用尚存的财政空间。尤其是，在重新考虑公共支出的投向时，可以按照国际劳工组织促进全球政策协调性的关键工具——《全球就业协议》的指导原则，更加重视那些比政府一般支出更能促进就业的劳动力市场政策。此外，鉴于其他类型的公共支出比周期性状况对劳动力市场政策有效性的影响更大，在各个经济体复苏过程中都应该高度重视这些劳动力市场政策。

- 与那些公共债务水平高的国家相比，公共债务水平低的国家，尤其是部分G20新兴国家，可以为其经济发展提供更长时期的支持，并在政策有效性方面减少损失。因此，这些公共债务水平低的国家将在为其本国经济发展提供支撑的同时，促进那些财政空间较小的贸易合作伙伴就业状况的复苏。在第四章中，我们将深入地探讨该问题以及此项政策对保持全球经济的再平衡方面的促进作用。

- 必须应对长期失业率和非正规就业即便在经济复苏期间也快速强劲增长的问题。这可能意味着为防止长期失业率的增长，必须进一步为社会总需求提供支持。目前已经实施的旨在抑制失业的措施（如兼职和临时性工作分担协议）应该继续实施下去，直至经济发展普遍出现更为稳定正常的周期性状况。不过，各国应该首先侧重于那些防止已经失业的人口失业持续期继续延长的相关措施。

- 在财政空间允许的情况下，那些金融市场仍然遭受严重压力的国家仍有很大的可能性继续实施那些设计良好的、以就业为中心的财政刺激计划。尤其是，劳动力市场计划在金融市场遭受严重压力的背景下，以其相对较低的财政成本及具有很高的政策有效性的优势，可以在此方面发挥其促进作用。

简而言之，绝大多数的国家目前仍有部分财政操作空间，但目前都正面临长期失业率居高不下（如，德国和日本等）的问题。这些国家应该利用其可用的财政空间，更加侧重于积极的劳动力市场政策，即便超过在这些计划上的预计支出增长额也应如此。在此方面早日采取行动，对于防止结构性失业人口进一步大幅增长以及防止长期失业的期限过于延长，将发挥其决定性的作用。同样，在中国等国，财政空间仍然存在，但缺乏劳动力需求是引起失业的主要原因之一，这些国家的政府可以利用其财政操作空间来应对失业的问题。这不仅有助于降低失业率，还将防止现有的失业人口和非正规就业人口成为结构性失业人口。最后，当其再也不存在财政空间时，这些国家必须如前面所探讨的那样，集中开展财政整顿，但应避免削减那些更为有效的劳动力市场计划。尤其是，一般支出的削减未必是最为适宜的政策。相反，在削减支出或增加税收时，应考虑到劳动力市场所面临的特殊挑战。

政策考量

目前的全球金融危机和经济危机对世界各地的劳动力市场带来了严峻挑战。今后，很多国家仍将面临危机对其劳动力市场造成的全面冲击，但这些国家为保障其金融体系，导致公共预算已经吃紧，可资利用的财政空间已快用尽。本章认为，尽管存在这些困难，部分国家为应对劳动力市场危机仍存在进行调整的狭小空间。尤其是，这些国家通过将其现有的一般支出计划更有针对性地面向劳动力市场的措施，就可以限制对就业状况的进一步破坏，促进就业机会的增长。事实上，某些劳动力市场措施，如失业救济金以及为（私营企业）创造就业提供的财政刺激措施，对创造就业机会具有正面的影响，同时，与那些没有针对性的政府支出政策相比，它可以更好地防止对就业状况造成更大的破坏。各国政府在考虑财政政策的重新投向时，应该首先考虑这些措施。不过在目前的关键时刻，这些措施仅代表各国已建立的总刺激计划中很小的一部分，部分政府在其协调行动中仍在仔细研究这些措施。

此外，本章强调了国际间协调的重要性。事实上，国际间协调行动已经帮助抑制了第一轮危机的继续发展。在经济复苏阶段，这种协调行动继续开展，以最大限度地发挥政策在刺激全球就业增长方面的有效性。如果所有国家都利用其可用的财政空间以促进全球总需求的增长，那些由于其财政可持续发展状况不断恶化而必须更加快速做出调整的国家仍然可以从中受益。在此方面，《全球就业协议》为各国提供了相应的标准，使其能够更好地完成将财政政策和劳动力市场政策保持一致的任务，以便最大限度地创造就业机会。

最后，本章指出，一旦确定了适宜的措施，就必须快速实施。劳动力市场危机持续的时间越长，长期失业率就将越高，怯志工作者和退出劳动力市场的人数也将越来越多。快速采取行动对于维持政策的有效性也具有重要的作用。事实上，如果公共债务不断增加，任何政策措施都将失效，从而使经济和财政发展前景进一步恶化。在此方面，尽快履行《全球就业协议》将确保各国回归至更为安全的财政状况，并为劳动力市场的复苏提供支持。

参考文献

Acemoglu, D. 2001. “Good jobs vs. bad jobs”, in *Journal of Labor Economics*, Vol. 19, No. 1, pp. 1–21.

Afonso, A. 2008. “Ricardian fiscal regimes in the European Union”, in *Empirica*, Vol. 35, No. 3, pp. 313–334.

Ağca, S.; Celasun, O. 2009. *How does public external debt affect corporate borrowing costs in emerging markets?* (Washington, DC., International Monetary Fund (IMF)).

Alesina, A.; Ardagna, S. 2010. “Large changes in fiscal policy: Taxes versus spending”, in *Tax Policy and the Economy,* Vol. 24.

Almunia, M. et al. 2010. “From Great Depression to Great Credit Crisis: Similarities, differences and lessons”, in *Economic Policy*, Vol. 25, No. 62, pp. 219–265.

Agu, U.O.; Rani, U. 2010. *Countercyclical fiscal policy measures during crisis: Output and employment impacts* (Geneva, International Institute for Labour Studies).

Andes, S.; Castro, D. 2009. *Driving a digital recovery: IT investments in the G-20 Stimulus Plan* (Washington, DC, The Information Technology and Innovation Foundation, Sep.).

Balakrishnan, R. et al. 2009. *The transmission of financial stress from advanced to emerging economies* (Washington, DC, IMF).

Barro, R.J.; Redlick, C.J. 2009. *Macroeconomic effects from government purchases and taxes* (Cambridge, MA, National Bureau of Economic Research).

Blanchard, O.; Perotti, R. 2002. "An empirical characterization of the dynamic effects of changes in government spending and taxes on output", in *Quarterly Journal of Economics*, Vol. 117, No. 4, pp. 1329–1368.

Card, D.; Kluve, J.; Weber, A. 2010. *Active labor market policy evaluations: A meta-analysis* (Cambridge, MA, National Bureau of Economic Research).

Charpe, M. 2010. *Forecasting the changes in the size and composition of labour market policies: An ARIMA model* (Geneva, International Institute for Labour Studies (IILS)).

Christiano, L.J.; Eichenbaum, M.; Rebelo, S. 2009. *When is the government spending multiplier large?* (Cambridge, MA, National Bureau of Economic Research).

Davoodi, H.; Kaendera, S.; Agu, U. 2010. *Estimating fiscal multipliers in selected African countries* (Washington, DC, IMF).

Den Haan, W.J. 2007. "Shocks and the unavoidable road to higher taxes and higher unemployment" in *Review of Economic Dynamics*, Vol. 10, No. 3, pp. 348–366.

Ejsing, J.W.; Lemke, W. 2009. *The Janus-headed salvation. Sovereign and bank credit risk premia during 2008-09* (Frankfurt, European Central Bank).

Ernst, E. 2010. *Determinants of unemployment dynamics. Economic factors, labour market institutions and financial development* (Geneva, IILS).

—; Charpe, M. 2009. *Global economic linkages. A model of employment and income dynamics in open economies* (Geneva, IILS).

Fofack, H. 2010. *Fiscal adjustment and growth in sub-Saharan Africa. Overview and lessons from the current downturn* (Washington, DC, World Bank).

Haugh, D.; Ollivaud, P.; Turner, D. 2009. *What drives sovereign risk premiums? An analysis of recent evidence from the euro area* (Paris, Organisation for Economic Co-operation and Development (OECD)).

Ilzetzki, E.; Vegh, C. 2008. *Procyclical fiscal policy in developing countries: Truth or fiction?* (Cambridge, MA, National Bureau of Economic Research).

IILS. 2010. *Promoting employment recovery while meeting fiscal goals* (Geneva, International Labour Office (ILO)).

ILO. 2010a. *Accelerating a job-rich recovery in G20 countries: Building on experience.* Available at: http://www.ilo.org/public/libdoc/jobcrisis/download/g20_report_accelerating.pdf.

—. 2010b. *Recovery and growth with decent work*, Report I(C), International Labour Conference, 99th Session, Geneva, 2010 (Geneva).

IMF. 2010a. *Fiscal monitor. Navigating the fiscal challenges ahead* (Washington, DC).

—. 2010b. *Spain: 2010 Article IV Consultation*, IMF Country Report No. 10/254. Available at www.imf.org/external/pubs/ft/scr/2010/cr10254.pdf

Irons, J.; Bivens, J. 2010. *Government debt and economic growth: Overreaching claims of debt 'threshold' suffer from theoretical and empirical flaws* (Washington DC, Economic Policy Institute).

Laeven, L.; Valencia, F. 2008. *Systemic banking crises: A new database* (Washington, DC, IMF).

Meyer-Ohlendorf, N.; Gorlach, B.; Umpfenbach, K.; Mehling, M. 2009. *Economic stimulus in Europe – Accelerating progress towards sustainable development*, Background Paper, ESDN meeting, Prague, June.

Miyazaki, M. 2010. *In search of lost revenue: Why restoring fiscal soundness after a crisis is harder than it looks* (Washington, DC, IMF).

Mountford, A.; Uhlig, H. 2009. *What are the effects of fiscal policy shocks?* (Cambridge, MA, National Bureau of Economic Research).

OECD. 2010. *Economic Outlook*, No. 87 (Paris).
—. 2009a. *Economic Outlook*, No. 86 (Paris).
—. 2009b. *Fiscal packages across OECD countries: Overview and country details* (Paris), Mar.
Perotti, R. 2005. *Estimating the effects of fiscal policy in OECD countries* (London, Centre for Economic Policy Research).
Pettis, M. 2001. *The volatility machine: Emerging economies and the threat of financial collapse* (Oxford, Oxford University Press).
Reid, P. 2009. *Opportunity in a time of crisis: Stimulus packages and the Green New Deal*, Working Policy Paper August 2009 (Canada–Europe Transatlantic Dialogue).
Reinhart, C.M.; Rogoff, K.S. 2009. *This time is different: A panoramic view of eight centuries of financial crises* (Princeton, NJ, Princeton University Press).
Robins, N.; Clover, R.; Singh, C. 2009. *Building a green recovery* (New York, HSBC Global Research), May.
Röhn, O. 2010. *New evidence on the private saving offset and Ricardian equivalence* (Paris, OECD).
Romer, C.; Bernstein, J. 2009. *The job impact of the American Recovery and Reinvestment Plan* (Washington, DC, The White House).
Schildbach, J. 2010. *Direct fiscal cost of the financial crisis. Probably much lower than feared* (Frankfurt, Deutsche Bank Research).
Thornton, J. 2008. "Explaining procyclical fiscal policy in African countries", in *Journal of African Economies*, Vol. 17, No. 3, pp. 451–464.
Woodford, M. 2010. *Simple analytics of the government expenditure multiplier* (Cambridge, MA, National Bureau of Economic Research).
Zhang, Y.; Thelen, N.; Rao, A. 2009. *Social protection in fiscal stimulus packages: Some evidence*, UNDP-ODS Working Paper (New York, Sep.).

第四章
全球增长的再平衡：收入主导型战略的作用*

主要研究成果

- 为确保全球经济从危机中摆脱出来并持续复苏，必须保持全球增长的再平衡。如前面第三章所述，美国和其他贸易逆差国家必须采取措施，减少对将债务作为经济增长推动力的依赖性。本章将探讨保持全球增长再平衡的另一方面——将主要介绍贸易顺差发展中国家和新兴国家通过刺激国内增长，尤其是通过“收入主导型”战略来降低对出口依赖性方面所面临的挑战。“收入主导型”战略包括加强劳工收入增长和生产力增长之间的联动，以及加强社会保障体系的建设等。
- 在危机爆发前的数年内，在那些可获取相关数据的贸易顺差国家中，工作者工资占 GDP 的比重平均下降了 7% 以上。同一时期，贸易逆差国的国家收入中的工资比重一直停滞不前。以上情况表明，贸易顺差国家实际工资的增幅与生产力增长相应的合理增幅不相符。确保新兴贸易顺差国家工作者工资增长和生产力增长之间更好的联动，一方面有助于利用这些国家的国内增长渠道，另一方面有助于推动世界经济的发展，促进世界经济的再平衡。近年来，巴西的经验就阐述了可以如何实现这一目标。
- 社会保障体系的增强，在保持贸易顺差新兴国家（尤其是在亚洲）增长的再平衡方面发挥着至关重要的作用。加强医疗、教育和养老金体系的建设，可以鼓励中等收入家庭减小预防性储蓄和提高消费水平。与此同时，这将增强人力资本和经济发展的潜力。而对于贫困和弱势家庭来说，包括收入补助和现金转移等要素在内的最低社会保障不仅可以很快转化为消费，同样还能为提高生产性资产的投资做好准备，并创造新的商机。不过，必须对社会保障体系进行精心设计，以避免就业和投资决策出现扭曲。

* 作者在此感谢马修·查普、乌玛·拉尼和鲁迪·冯·阿尼姆作出的重大贡献，以及安东尼诺·巴贝拉·马佐拉、苏珊娜·夸德罗斯和哈里阿提·斯纳佳在研究方面提供的出色帮助。

- 针对本章开展的政策模拟结果显示，那些旨在确保增强工作者工资和生产力之间联动性的措施，以及旨在扩大和加强社会保障体系在包括中国在内的亚洲贸易顺差国家覆盖范围的措施，对于改善亚洲及其他各个地区的就业和增长前景将非常有效。如果收入政策和社会保障政策能够同时协调实施，这些政策的有效性将进一步得到提升。政策模拟结果表明，与那些通过财政整顿措施减少赤字的政策相比，收入主导型政策对促进全球增长和创造就业机会更为有效。
- 人们常常将贸易顺差国家的汇率升值视为确保全球经济发展再平衡的一项关键政策措施。不过，此类措施往往会降低贸易顺差经济体的增长速度，不会显著提升其进口需求量。例如，根据政策模拟结果显示，美元对人民币汇率名义上贬值20%，只会小幅减小中国的经常项目顺差，同时会对中国的失业状况带来上升压力。相反，亚洲贸易顺差国家采取收入主导型战略（包括改善社会保障体系，以及将名义工资提高10%，即恢复工资—生产力联动关系所必须采取的大概比例）不仅有助于提高亚洲地区和其他地区的经济增长，还将促进失业人口的降低。

引言

第三章分析了债务国实现增长再平衡的方式。本章的目的则是探讨贸易顺差国家如何实现更持续的增长，尤其关注于收入和社会保障政策在刺激发展中和新兴经济体国内总需求方面的作用。[1]

危机前，全球基于部分国家过度依赖于出口导向型增长以及其他国家依赖于债务驱动需求的增长方式已不再具有可持续性（托雷斯，2010 年）。特别是在过去十年间，部分发展中和新兴经济体经常项目顺差的日渐积累，反映出美国和部分欧洲国家（如，英国和西班牙等）经济增长表现出的、以债务驱动消费和住宅投资不断增加的特征（国际劳工研究所，2008 年和 2009 年；拉詹，2010 年）。2008 年底和 2009 年初，由于北半球债务驱动增长模式的危机导致全球贸易的崩溃，这印证了过度依赖于外部需求来源的脆弱性（鲍德温，2009 年；伊，2009 年）。除了贸易顺差外，企业和家庭储蓄也日益促进了亚洲贸易顺差经济体经常项目顺差的增长（普拉萨，2009 年）。

为了应对这种贸易不平衡现象，全球领导人和国际组织已呼吁采取那些旨在实现危机后全球更加平衡发展的政策措施（国际货币基金组织，2010 年；联合国，2010a 和 2010b）。政策分析和建议包括那些旨在增强贸易顺差经济体国内需求的措施（G20，2009 年和 2010 年；联合国贸易和发展会议，2010 年；国际劳工组织，2010a 和 2010b；国际劳工组织和国际货币基金组织，2010 年）。

本章分为两部分。第一节简要探讨了必须保持出口导向型增长模式再平衡的部分主要因素，尤其是在改善作为刺激贸易顺差国家国内需求重要因素的收入和社会保障体系方面所面临的政策挑战。第二节分析了不同的政策选择，这些政策旨在降低对出口导向型增长的依赖性的同时，保持这些经济体的强劲经济增长和富有活力的就业状况。

---

1 因此，本章中未探讨经济合作与发展组织贸易顺差国家（如，德国和日本）的情况。

第一节　贸易顺差经济体：保持增长再平衡的挑战

出口导向型增长模式带动了经济发展……

此前，出口导向型发展模式曾是很多发展中和新兴经济体，尤其是亚洲地区发展中和新兴经济体的重要经济增长方式。劳动者生产力的提升在很大程度上是由于技术革新、商业投资和规模经济所致，这是因为出口商开发了新的大众市场，从而刺激了新的就业机会的增长（国际劳工组织，2010e）。尤其是在部分最近正在进行工业化的国家中，这种出口增长主要集中于那些对价格敏感、劳动密集型的消费品和服务。然而在这些情况下，出口增长并不一定会创造更多收入更高、稳定或正规的就业机会。一方面，尽管劳务需求创造了很多重要的新的就业机会，但往往是非正规就业机会，同时，其工作条件、工时状况和工资水平都很差，而且位于全球供应链的低端（巴里恩托斯，2007 年；国际劳工组织，2009a；经济合作与发展组织，2009 年；国际劳工组织，2010e；朴斯兰玛和南森，2010 年）。

在过去 30 年间，低收入和中等收入国家的商品出口额在全球商品出口额中的比重从 1986 年的 16% 增至 2008 年的 30%，而服务出口额的比重则从 1986 年的 13% 增至 2007 年的 20%（米尔伯格和温克勒，2010 年）。中国的出口增长幅度尤其明显，其出口额占 GDP 的比重从 1970 年的 3% 飙升至 2007 年的近 43%。阿根廷、印度、墨西哥和韩国等国也表现出相同的发展趋势（同上）。[1] 亚洲和非洲地区的商品和服务出口额占 GDP 的比重自 2000 年以来增长尤为显著，而拉丁美洲地区自 20 世纪 90 年代以来的出口增长最为强劲。这种出口增长趋势加大了发展中国家对出口收入的依赖度。

……但使得那些债务导向型需求的国家过度依赖于出口。

亚洲地区长期将出口作为其增长的驱动因素之一。不过，仅仅在亚洲金融危机之后，该地区的很多国家才开始增加其外汇储备和经常项目顺差，以抵御未来出现的经济动荡局面（亚洲开发银行，2009 年；门多萨，2010 年）。[2] 东亚地区的国家经常项目顺差从 1997 年的 163 亿美元增至 2006 年的 2940 亿美元。[3] 与此同时，拉丁美洲地区国家的状况也出现了很大的改善，从 1997 年的累计 480 亿美元经常项目逆差转变为 2006 年 480 亿美元的经常项目顺差。

与发展中和新兴经济体对外贸易顺差增加相对应的是，美国和其他几个大的

1　不过，必须谨记的是，出口对增长的贡献度在中国等国家可能被高估。这些国家的出口中包括很大比例的进口（参见 CPB 方法 www. cpb. nl）。

2　据估算，目前全球 2/3 的外汇储备由发展中和新兴经济体的中央银行持有（经济合作与发展组织，2010a）。

3　本论述主要针对贸易顺差经济体，不针对所有的发展中和新兴经济体，这些经济体间存在很大的异质性。例如，亚洲经济体的经常账户平衡状况不存在单一的模式；既有贸易顺差国家，也有贸易逆差国家。同时，确定了四大行为类型的经济体：（1）亚洲金融危机以来，增加了经常账户顺差的中等收入国家；（2）高收入贸易顺差国家和地区（中国香港、新加坡和中国台湾）；（3）低收入贸易顺差经济体（如：中国），以及低收入贸易逆差经济体（印度和越南）（亚当斯和帕克，2009 年）。

发达经济体（包括英国和西班牙）所采纳的增长路径主要是受债务引发的消费和住宅投资的螺旋式上升所驱动。随着发展不平衡状况的加剧，美国成为全球最大的消费国。美国人口占全球总人口的比例不到5%，但消费量超过全球产值的20%。相反，中国人口占全球总人口的比例约为20%，但在危机前其消费量仅为全球产值的2%—3%。贸易顺差和贸易逆差国家这种相互背离的增长路径构成了引发当前危机的“断层线”（拉詹，2010年）。

要实现全球的可持续增长，必须保持全球增长源组成的再平衡。对于贸易逆差国家而言，必须降低债务导向型需求和经常账户逆差，同时提高储蓄率和避免采取保护主义措施。而贸易顺差国家面临的挑战将是如何刺激其国内增长源。

对于很多发展中和新兴经济体来说，出口导向型增长仍将是其经济增长和创造就业的重要来源。出口导向型增长可以与平衡增长共存，但必须摆脱危机前的增长模式，这种增长模式将出口作为增加和积累巨额经常项目顺差的主要手段（亚洲开发银行，2009年；钱德拉塞卡和戈什，2010年）。事实上，这些经济体面临的主要政策挑战将是如何制定保持外部需求来源和国内需求来源之间长期平衡的相关措施（罗德里克，2008年；国际劳工组织，2010e）。

刺激贸易顺差国家国内增长来源主要有两大政策，即调节国家收入中的工资比重以及降低过高的存储率，以下将讨论导致这两种政策的部分因素。

如要建立有助于刺激贸易顺差国家国内需求的更加平衡的全球增长模式，必须解决工资差距问题……

很多贸易顺差国家将其出口竞争力建立在劳动力成本低的比较优势上。价格竞争又给生产商控制生产成本带来压力，往往导致企业大幅降低工人工资。因此，生产力的增长并未转化为工人工资相应的增长（阿克尤兹，2010年）。事实上，在过去20年间，全球经济增长绝大部分表现为收入差距不断拉大以及国家收入中的工资比重停滞不前（国际劳工组织，2008a和2008b）。

在69个发达、新兴和发展中经济体中，国家收入中的工资比重不断下降与其贸易平衡之间存在关联。而在37个可获取数据的贸易逆差国家中，在2000—2005年期间，这些国家的工资占GDP的比重一直停滞不前。更为重要的是，贸易顺差经济体在这两个时期内的国家收入中的工资比重都出现了下降。尤其是在2000—2005年，在有相应数据的32个贸易顺差经济体中，工资占GDP的比重平均下降了7%以上（图4.1）。这些研究结果表明，在所分析的绝大部分国家中，出口导向型增长所引起的收益并未在利润和工资之间得到公平的分配。

国家收入中的工资比重不断下降的这一发展趋势凸显了在危机后时期要实施更为平衡和社会包容性的方法所面临的政策挑战。即便在工资比重不断下降的情况下，出口导向型增长也能提高国内消费的绝对水平，这一点在中国就是如此。不过，今后要保持更为平衡和包容性的增长必须更加关注收入在刺激国内增长方面的作用，这主要是通过收入增加对国内有效需求和家庭消费水平的积极影响来实现的。例如，要保持亚洲地区的发展再平衡，促进该地区国内导向型消费增长，将在很大程度上依赖于该地区的新兴中产阶级。新兴中产阶级是一个潜力巨大的消费市场，但由于绝大多数人处于人均日消费2—4美元的水平（亚洲开发银行，2010年），因此这一群体仍然较为脆弱。目前，有关国家已投入相关资源来矫正这一不平衡现象，至少贸易顺差国家是如此。最近巴西的经验表明，如果认真得

图4.1　贸易顺差和贸易逆差国的国家收入中工资比重的变化，1995—2000年和2000—2005年

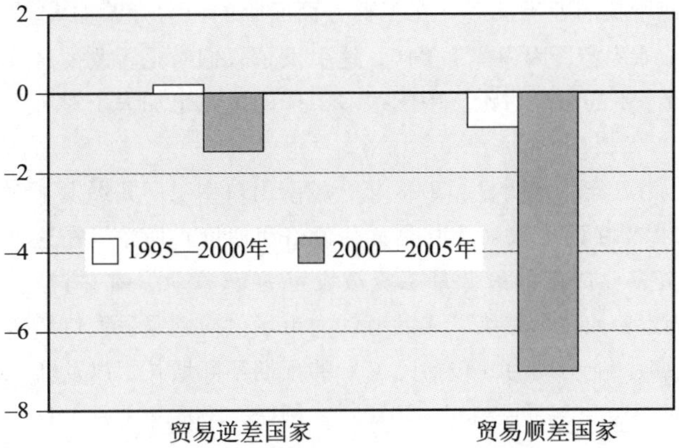

注：该图显示的是工资在GDP中的比重变化，以百分比表示。该图反映了（1）1995—2000年和2000—2005年期间，总体保持贸易逆差的国家；（2）同一时期，总体保持贸易顺差的国家。有关贸易逆差和贸易顺差国家的名单，见附录A。

资料来源：国际劳工研究所基于《2010年世界发展指标》、国际劳工研究所（2008年）以及联合国国民账户核算体系的估算。

到实施，此类政策就能取得成功。

目前，这种方式正面临在变革方面日益加大的压力。受社会、人口和经济综合因素的影响，中国以及亚洲地区其他出口制造经济体的工资压力不断上涨（专栏4.1）。

……加强社会保障体系……

同时，社会保障体系在稳定消费和强化人力资本方面发挥着重要作用。很多贸易顺差经济体中产阶级家庭较低的消费水平和偏高的预防性储蓄水平，在很大程度上是由于这些经济体的社会保障体系较差以及金融体系不发达所致（胡，2008年），这种社会保障和金融体系增加了个人在住房、教育和医疗保健方面的支出负担（查蒙和普拉萨，2008年）。以国内消费为代价、有利于提高出口产值的工业化政策进一步导致这些经济体的国内需求疲软。

20世纪90年代和21世纪的最初十年间，东亚地区家庭消费占GDP的比重一直在40%—50%之间波动。在中国，过去十年间，随着其经济增长和净出口量的显著增加，家庭消费占GDP的比重从2000年的46%左右降至2008年的36%以下[1]（图4.2）。相反，自2000年以来，美国家庭消费占GDP的比重则增至70%左右。同一时期，经济合作与发展组织和拉丁美洲地区经济体的家庭消费占GDP的比重一直保持在60%—70%之间。非洲地区家庭消费占GDP的比重偏高，这体现了其收入较低和贫困的状况，从而导致绝大部分的家庭收入用于基本的必需品消费。[2] 增强社会保障、优质的公共医疗和教育体系以及养老基金的建立，可以鼓

1　中国一方面家庭储蓄额很高，另一方面在危机爆发前的储蓄额最大增幅来自于企业（占GDP的比重增至20%）（经济合作与发展组织，2010a）。

2　导致非洲储蓄率低的因素还包括正规金融市场的成本、风险投资战略成本以及家庭生产活动的投资成本等（阿依特和尤迪，2000年）。

专栏 4.1 亚洲全球工厂的工资压力

曾经促进亚洲地区出口产值快速增长的亚洲工厂，在工资方面面临的压力开始加大。比如，2010 年年中，柬埔寨的很多成衣生产厂因为罢工停产，这引发了人们对是否改变这一严重依赖出口的行业现有最低工资水平的激烈讨论。中国很多工厂的罢工也加大了对工资调整的压力。

事实上，在危机爆发前，工资压力已经非常明显。2008 年，越南出口型工厂共爆发了 762 次罢工，其主要原因是通货膨胀保持在两位数（尤其是食品价格和油价）所致。在这种社会压力背景下，2010 年初，外资企业员工的最低月工资被设定为 52 美元。在中国，导致这方面的原因包括很多结构性因素，如技术熟练工人的劳动力市场供应趋紧、人口结构变化、劳资关系的变化、沿海出口区产业劳动力（包括民工）的预期不断增长，以及新劳工法规的出台等（陈，2010 年；经济合作与发展组织，2010a）。例如，2008 年 1 月 1 日生效的中国《劳动合同法》扩大了雇员的权利，并加强了对雇员的保护。工人因工资罢工的合法性不明确是导致近期劳资纠纷难以控制的重要因素之一。

励中产阶级家庭减少预防性储蓄。同时，社会保障和教育体系还将有助于维持人力资本水平，从而改善经济增长前景。

……为贫困和弱势家庭提供收入支持。

加强社会保障体系的建立，对于提高贫困和弱势家庭的消费水平也具有同等重要的作用。此类家庭很少储蓄，但有很大的边际消费倾向。政府加大社会支出，如提供收入支持和现金转移支付，可以有效地转化为消费。此类资源往往用于投资生产性资产，如改善农业或住房状况以及城市小型和微型企业，有助于提高国内产值和创造更多的就业机会。

国际劳工组织估算，目前全世界 80% 的人口未获得足够的社会保障（国际劳工组织，2010c 和 2010d）。各国应对本次危机的对策包括为强化社会保障机制的各种支持措施，表明决策者认识到了社会保障体系在作为社会经济稳定机制以及在加快经济复苏方面的作用。分析危机后的增长政策可以发现，社会保障和减贫政策在发展中国家的作用增强，目前被视为实现全球可持续增长的一个必要组成部分（卡努托，2010 年）。采取一个更为广泛系统的方法，将社会保障纳入法制政策之中，将有效地带动国内消费，并有效应对那些由于融入全球经济新产生的各种脆弱因素（库克和卡比尔，2010 年；普拉萨和格累克，2010 年）。

实现贸易顺差经济体新的增长模式，即更好地保持出口生产和收入主导型国内需求之间平衡的增长模式，要求必须提高工资比重，与生产力增长保持更加公平的水平。此外，加强社会保障和其他社会公共产品的提供，在帮助降低中产阶级的预防性储蓄，同时为低收入和弱势群体提供收入支持、提高其可支配收入方面发挥至关重要的作用。

这种政策实施方法与《全球就业协议》规定的原则保持一致。该协议强调了就业政策、最低工资机制和社会保障政策，与作为促进稳定、持续和平衡增长主要战略的财政和货币政策之间在宏观经济方面的相互作用（国际劳工组织，2009b；国际劳工组织和国际货币基金组织，2010 年）。

图 4.2　家庭消费占 GDP 的百分比，1990—2008 年

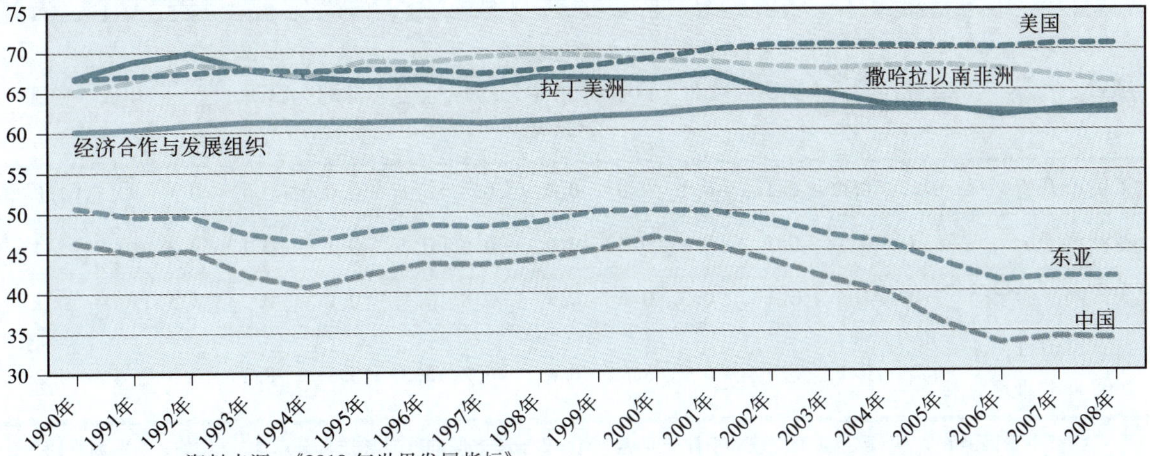

资料来源：《2010 年世界发展指标》。

下一节将探讨各种不同的政策选择，这些政策在减小对出口导向型增长的依赖性的同时，仍可以保持强劲的经济增长和就业发展活力。

第二节　应对全球发展不平衡和增长复苏的政策选择

为应对上一节所描述的发展不平衡状况，我们建议采取两种类型的政策选择：（1）减少贸易逆差国家因个人债务导致的增长——主要通过采取更加紧缩的财政政策；和/或（2）促进贸易顺差国家因国内需求导致的增长——主要通过货币调整、工资和社会保障支持政策以及内部增长来源的开发等组合手段。在第三章中我们已经分析了财政紧缩政策对就业状况的影响。本节的目标是评估第二类政策措施对就业状况的影响。该目标主要是通过分析针对本报告专门开发的世界经济发展模型得出的三种未来情形来实现的（见附录 B）。更为重要的是，该模型分析了保持世界经济再平衡的不同政策选择的短期影响。因此，该模型未考虑这些政策可能对经济结构的长期影响。此外，该模型未考虑金融市场对政策调整的潜在响应。尽管该模型存在这些重要的缺失，但它有助于阐明不同的再平衡政策在危机后的近期发展路径。这些模拟的主要成果参见表 4.1，详细分析可参见冯·阿尼姆（2010 年）的文章。

汇率的变化对就业产生了不同的影响，在减少对外逆差方面的效果也很有限……

人们通常认为，汇率的重新调整将足以保持经济增长的再平衡。为实现这一点，就必须对贸易顺差国家针对贸易逆差国家的汇率进行升值。不过，证据表明，仅仅重新调整汇率并不足以实现向平衡增长模式的过渡[1]，尤其是，导致经常账

1　20 世纪 80 年代中期，日元的升值未能促进日本的国内需求，相反导致了股市和房地产市场的泡沫，并导致日本企业投资转向工资水平较低的亚洲国家（拉詹，2010 年）。

表 4.1　三种保持世界经济再平衡的政策选择对失业率的影响（百分点）

项目	全球	发达经济体	美国	欧洲	日本	新兴和发展中经济体	亚洲	拉丁美洲	非洲	巴西	俄罗斯联邦	印度	中国	南非	能源出口国
人民币升值	**0.1**	**0.0**	0.1	-0.1	0.0	**0.4**	-0.3	0.1	0.0	-0.1	-0.1	-0.1	1.8	-0.2	-0.1
亚洲再平衡	**-0.3**	**-0.1**	-0.1	-0.1	-0.3	**-0.6**	-0.6	-0.2	-0.1	-0.1	-0.2	-0.2	-1.4	-0.1	-0.4
美国削减赤字	**1.2**	**1.3**	3.1	0.3	0.6	**0.9**	0.8	2.2	0.2	0.3	0.5	0.4	0.7	0.3	1.2
备忘录项目：2008 年失业率	**6.2**	**6.1**	5.7	6.9	3.9	**6.4**	6.2	5.2	16.3	8.1	6.3	7.3	4.2	21.4	6.8

注：本表提供的是每项政策影响导致的估计失业率和实际失业率之间的差异（按百分点计）。例如，与亚洲再平衡有关的影响使全球的失业率下降了 0.3 个百分点（第一列第二个数据）。本表所分析的三个政策选择是：（1）美元对人民币汇率名义上贬值 20%（第一行）；（2）亚洲地区的社会保障体系得到改善和工资水平增长 10%（即所谓的“亚洲再平衡”；第二行）；（3）美国财政赤字在 GDP 中的比重下降两个百分点（第三行）。

资料来源：国际劳工研究所，基于冯·阿尼姆（2010 年）的研究。

户顺差和高储蓄率的根本原因在本质上部分源于社会结构因素。因此，如果能与其他政策措施共同实施，对汇率进行可靠的重新调整，将是保持全球再平衡过程的一个组成部分（联合国贸易和发展会议，2010 年；马和伊，2010 年；经济合作与发展组织，2010b；麦金龙和施纳布尔，2009 年）。

例如，我们基于以上提到的模型对人民币兑美元升值的影响进行了估算。具体来说，我们利用该模型模拟了美元兑人民币汇率名义贬值 20% 的短期影响。这种冲击的大小与按照常规方法进行探讨的结果非常接近。在第一种政策情形中，中国的出口成本增加，而对中国的进口则更有竞争力。这将导致中国的经常账户顺差减少近 7%（冯·阿尼姆，2010 年），与全球不平衡的现有规模相比，这种影响相对较小。更为重要的是，相对于中国的 GDP，经常账户顺差并不会出现明显的下降。此外，国内需求也不会全部转向非中国制造的产品。中国的失业率增长超过了 1.8 个百分点，而美国和其他发达经济体则总体保持不变。

从长期来看，美国及其他发达经济体竞争力改善将带来更大的积极效应。同样，人民币升值可能逐步提升中国非贸易行业的竞争力，从而减轻人民币升值对经济产出和就业状况的负面影响。如此前所述，在本质上只能发挥短期影响的这种模式无法产生长期影响。不过，汇率升值导致的短期社会经济影响使得这一政策选择在政治上难以在中国得到实施。

汇率升值对增长方式的影响较小，这证实了部分学者的观点，即全球发展不平衡的根本原因在于各国发展的不平衡（国际劳工组织，2008b）。按照这种观点，对外借贷要求主要源于储蓄和投资方式（冯·阿尼姆，2009 年）。

……相反，促进贸易顺差国家的需求将有助于带动全球的就业、减小发展不平衡现象……

有迹象表明，那些旨在确保劳动者收入能与生产力增长保持同步，同时旨在增强和扩大社会保障体系覆盖范围的政策，可以非常有效地改善总体增长的前景（联合国贸易和发展会议，2010 年）。[1] 这些政策的影响对于新兴经济体尤其有利，在这些新兴经济体中，提高中低收入群体的收入可以促进消费和投资的良性循环，从而营造出满足新需求的商机和产品创新，并反过来提高就业率和劳动者收入。

例如，巴西政府在本次危机爆发前采取的政策目的就是为了解决收入不平等问题，提高最低工资水平和加强社会保障体系。这不仅保持了消费的持续发展，同时也带动了企业投资，形成了很多满足新需求的创新产品。这种新需求是巴西摆脱危机、成功复苏的主要因素（巴博萨，2010 年）。同样，中国财政刺激计划的影响似乎也佐证了这样的论点，即带动国内需求可以为促进经济增长和创造就业的内部（迄今为止未得到利用的）来源提供支撑。[2] 2010 年，货币和财政刺激计划使得中国的经济发展速度超过两位数，在全球范围内，经济合作与发展组织对增长的贡献度达到 1/3（经济合作与发展组织，2010a）。

除了加强社会对话和工资协商等措施外，可以确保收入保持适度增长率的政策工具还包括设定和经常性地调节最低工资（如专栏 4. 2 所探讨的）（国际劳工组织，2008a）。

在部分亚洲国家，市场因素已对工作者的工资形成了上涨压力。在实现工资增长的情形中，往往是企业决策的结果，而非国内产业体系内部普遍工资协商的结果。[3] 因此，此类工资调整要成为收入主导型增长战略中经常可持续地得到调节的组成部分，就必须从结构上纳入劳动力市场机制和经过协商确定工资的机制之中。

更为普遍的是，工资政策如果与社会保障政策共同实施，将进一步促进这两类政策的有效性（国际劳工组织，2010d）。因此，收入政策和社会保障政策对危机后的发展再平衡均具有重要作用，其实现方式是通过将经济增长的惠益在国内得到更为广泛的分配，同时促进更为持续的全球包容性增长。

为阐述这一点，第二种政策情形模拟了亚洲地区社会保障体系得到改善以及工资水平提高对全球发展再平衡和复苏的影响。包括中国在内的亚洲贸易顺差国家实施了政策调整：（1）将净税率下调 10%（以更好地进行社会转移支付），并将有工资收入家庭的储蓄倾向减少 10%（以降低由于加强社会保障体系后的预防性储蓄）；（2）将名义工资上调 10%。其结果显然对所有地区的就业状况都是正面积极的（表 4. 1 第二行）。亚洲地区增长的加快意味着世界其他地区对外需求的

---

1 针对中国的计算结果显示，可支配家庭收入占 GDP 的比重下降在很大程度上导致了家庭支出在总需求中的下降（联合国贸易和发展会议，2010 年；阿齐兹和崔，2007 年）。

2 2009 年，中国财政刺激计划支出占该国 2008 年 GDP 的 2. 1%，2010 年的这一比例为 2. 3%（普拉萨和索尔金，2009 年）。部分研究预测，中国财政刺激计划在刺激其国内需求方面具有很大的潜力，有望使其内部的非农业部门新增 1700 万—2000 万个就业岗位（何、张和张，2009 年）。

3 部分企业担心，增加工资可能影响其利润及其商品在全球市场的最终零售价格。在某些情况下，那些工资压力不断增大的企业已决定将其全部或部分生产转向中国和亚洲其他国家，如孟加拉国、印度、印度尼西亚、菲律宾、泰国和越南的工资水平很低的地区。这对确保劳动力收入和生产力之间更加紧密的联系带来挑战。如果在绝大多数的企业和部门中得到实施，加强劳动力收入和生产力之间的联系将有助于整个亚洲的经济体。

专栏 4.2　通过实施和执行最低工资标准法来提高工资比重

通过提高工资比重进行收入再分配，有利于提高社会总需求，其原因是通过工资的边际消费倾向超过了通过利润进行投资的边际倾向（拉沃伊，2009 年；史托克哈默、奥纳兰和埃德雷尔，2007 年）。

例如，在印度，利润占国内产值的比重自 2001—2002 年以来急剧增长，使得工资占国内产值的比重下降，并使得居民的购买力降低（图 4.3）。可以调节工资比重的一个重要机制就是通过立法设定最低工资标准。印度在 1948 年通过的《最低工资法案》就是劳动法的一个重要组成部分。不过，该法案仅在“特定的就业岗位或职业”中规定了最低工资，因此并未覆盖所有的工薪阶层（尤其是那些临时工作者）。1996 年，印度中央政府引入了全国指导性的最低工资标准——现设定为每日最低工资为 100 卢比（约 2 美元），这一重大举措使得最低工资的覆盖范围得到了改善。近年来，尽管印度保持高经济增长率，但贫困和收入不均状况一直维持在很高的水平，以上举措正是针对这种情况而采取的。

图 4.3　印度的工资比重不断下降，1993—2007 年

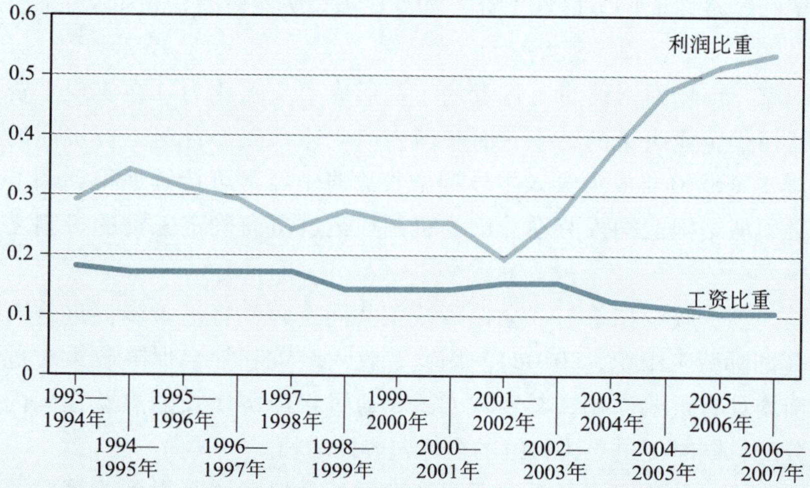

资料来源：不同年份的“各行业年度调查”。

不过，全国性最低工资标准对印度各邦并不具有法律约束力。如果现有的最低工资法得到更加有效的采纳和实施，将有助于提高居民的购买力和增强国内需求。数据模拟结果显示，强制执行全国性最低工资标准，或者扩大邦层次上最低工资标准的覆盖范围，所带来的影响将非常显著（贝尔瑟和拉尼，2010 年）。在整个印度 1.73 亿的工薪族中，大约有 7300 万人并未获得最低工资。这些低收入工薪阶层大约有 30%—40% 的家庭属于贫困家庭。将最低工资标准扩大至所有这些工薪族，不仅将提高其工资收入，还将有助于缩小印度的工资差距（9%）和贫困发生率（8%）。该范例证明了最低工资作为一种有效的收入再分配工具所发挥的作用。

增长，并导致中国经常账户相对于 GDP 的顺差减少（冯·阿尼姆，2010 年）。[1]

当然，收入主导型战略应与继续提高劳动生产力的措施同时实施，促进各个企业对新需求的响应（国际劳工组织，2010e）。[2] 例如，中国除了本国对科技的投入外，还尤其有效地将外商直接投资作为获取技术和提高生产力的资金来源。这一点在增强中国的经济增长和劳动生产力方面已发挥了重要作用。其他希望采取收入主导型增长战略的国家也应同时努力改善对新技术的获取以及提高生产力。

……与通过减少贸易逆差国家的需求来保持全球增长的再平衡相比，这明显是更有利于就业的措施。

第三章提供的证据显示，财政紧缩措施往往会影响全球增长。第三种政策情形也证实了这一点。同时，该情形还显示，这些财政紧缩措施几乎无助于缩小全球增长不平衡，相反却在提高失业率方面造成巨大的代价（表 4.1 第三行）。比如，美国公共债务占 GDP 的比重降低两个百分点（该比重也是人们常常呼吁降低的），将导致美国 GDP 的严重萎缩。根据该模型显示，美国失业率将由此上升超过三个百分点；主要受进口量下降的影响，美国对外收支平衡占 GDP 的比重将增加大约一个百分点（冯·阿尼姆，2010 年）。而美国进口量的下降将反过来导致所有地区的衰退，尤其是美国的主要贸易伙伴——加拿大和拉丁美洲地区的衰退。

政策考量

全球增长的再平衡要求贸易顺差经济体采取保持出口导向型生产和国内增长来源之间更加可持续的平衡，这一点已得到广泛认同。在本章中，我们已将提高劳工收入、与生产力增长保持一致的政策作为贸易顺差国家必要的政策调整方向，并同样作为收入主导型增长总体战略的一个不可或缺的组成部分。同样，强化社会保障体系（包括精心设计针对医疗保健、教育领域和养老金的政策），将对减小预防性储蓄方面产生积极的影响。此外，这类政策还将改善人力资本，扩大市场将低收入群体纳入其中，创造新的商机，从而带来积极的供给效应。在本次危机期间引入的政策措施，如提供收入支持和增强社会保障体系等，在此方面提供了有益的借鉴作用。这些措施在保持国内需求和国内增长来源的可持续发展方面确实发挥了有效的作用（国际劳工组织，2010a 和 2010d）。

本章中起推动作用的一个问题是贸易顺差国家如何通过那些将收入主导型增

1　正如具体的分析结果所示（冯·阿尼姆，2010 年），整个亚洲地区的产值增加了一个百分点，但其总的对外贸易逆差仅小幅增长。其主要原因在于地区内增长相对强劲；亚洲贸易逆差地区的经常账户占 GDP 的比重下降了 0.5 个百分点，超过了亚洲贸易顺差地区的下降幅度。同时，收入不平等现象——收入分配的函数值——也有所减轻。不过，应该对工资比重的增加进行精心的阐释。该模型中，工资比重的变化主要是周期性的变化，但这种变化是否将持续下去仍不清楚。如果提高实际工资可以从结构上纳入国家机制，就可以转化为个人收入分配状况的改善，即便生产力增长赶上也是如此。亚洲地区的财政收支平衡状况仍然保持良好。

2　为实现这一目标，其他领域的政策措施也很必要，比如确保可以为投资技术变革提供信贷和优惠措施以及增强产能，包括中小型企业的产能。要促进生产力的提高，还必须增强培训和技能开发的数量和质量，以便为劳动力建立必要的技能。产业政策可以关注于那些拥有极大潜力促进部门增长的领域。

长路径放在首位的政策措施来刺激国内增长。那么，这一必要的政策转变的基本要素都有哪些？

加强工资设定机制（包括雇主单位和工作者代表之间的协商），在此方面具有至关重要的作用。工资设定机制有助于缩小工资差距，尤其是快速发展的经济体中的工资差距。社会对话和扩大工资集体协商覆盖范围可以确保工资水平能够按照生产力增长做出更快的响应（国际劳工组织，2008 年）。此类政策机制既可以影响正规经济部门中的工资收入，也可以用来影响非正规经济部门的工资格局。公共部门的工资设定机制也可以作为一种工资稳定工具。

最低工资在工资标准的设定以及补偿处于工资等级底层的收入不平等方面尤其重要。工资等级底层是指那些未包括在集体协商机制之内的工作者，如低技能工作者、自雇工作者、非正规和弱势工作者[1]。最低工资机制如果简便和易于管理，并经常性地进行调整，就能发挥其最大效应。可靠的执行机制也有助于改善最低工资法的有效实施（国际劳工组织，2008a）。目前，不同国家正在推行这方面的相关对策。例如，为了增强最低工资政策的有效性，菲律宾和越南正在引入一系列的改革措施。中国目前也正在制定有关工资管理的新法律，尤其是在其工资纠纷增多以及收入差距不断扩大的背景下。亚洲地区的其他很多国家（如，蒙古）也纷纷跟进，在工资政策方面启动了各种改革措施（国际劳工组织，2010f）。

建立一个更为强大和覆盖范围更广的社会保障体系（包括提供优质医疗保健和教育以及加强公共和个人养老金体系在内的基本服务）可以促进整个社会的福祉水平。此外，社会保障体系可以通过建立人力资本和增强未来的劳动生产力来促进经济增长的可持续发展。社会保障政策是一种重要的反周期政策，有助于维持危机期间的社会总需求。对于贫困和弱势家庭来说，那些引入、增强和扩大社会保障最低标准的机制（如收入支持和有条件现金转移支付）可以预防极端贫困，创建新的市场机会，同时促进社会总需求的增加。

20 世纪 90 年代以来，拉丁美洲国家采取了各种措施来建立有效的社会保障体系（毛里齐奥，2010 年；梅萨—拉戈，2008 年）。这有助于这些国家利用其国内增长来源，并使其更好地抵御危机的冲击——2008 年全球金融危机爆发后，拉丁美洲国家相对较好的表现就证实了这一点（巴博萨，2010 年；莫里齐奥，2010 年）。其他一些近期采纳的社会保障政策动议包括中国在农村地区扩大了养老金和最低医疗保险覆盖范围。此外，中国还启动了社会保障改革，提高了社会保障网络的覆盖范围（除民工外）（经济合作与发展组织，2010a）。

工资调整和社会保障政策并非是解决问题的“灵丹妙药”，同时它们也不能单独实施。实现更为平衡增长的政策议程要求不同政策之间保持更好的一致性，包括制定有助于促进投资、技术开发、劳动力生产力和人力资本建设的政策，以及作为为未来可持续增长创造结构性条件的关键组成部分的收入主导型战略。

1　在正规部门，最低工资制度不能替代可确保更加准确调整工资水平的集体协商制度。

附录 A

贸易逆差和贸易顺差国家名单

1995—2000 年		2000—2005 年	
贸易顺差	贸易逆差	贸易顺差	贸易逆差
阿尔及利亚	阿根廷	阿尔及利亚	澳大利亚
亚美尼亚	巴哈马	阿根廷	巴哈马
澳大利亚	比利时	亚美尼亚	巴林*
奥地利	巴西	奥地利	保加利亚
巴林*	保加利亚	白俄罗斯*	加拿大
白俄罗斯*	智利	比利时	哥伦比亚
加拿大	埃及	巴西	哥斯达黎加
哥伦比亚	法国	智利	克罗地亚
哥斯达黎加	德国	埃及	塞浦路斯
克罗地亚	希腊	德国	丹麦
塞浦路斯	匈牙利	希腊	爱沙尼亚
丹麦	冰岛	匈牙利	芬兰
爱沙尼亚	意大利	肯尼亚*	法国
芬兰	约旦*	科威特*	冰岛
印度*	肯尼亚*	莱索托	印度*
爱尔兰	拉脱维亚	卢森堡	爱尔兰
日本	卢森堡	马耳他	日本
韩国	墨西哥	墨西哥	意大利
科威特*	蒙古	蒙古	约旦*
莱索托	荷兰	纳米比亚	韩国
立陶宛	尼加拉瓜	荷兰	拉脱维亚
马耳他	尼日尔*	巴拉圭	立陶宛
纳米比亚	波兰	波兰	新西兰
新西兰	葡萄牙	葡萄牙	尼加拉瓜
尼日利亚*	新加坡	沙特阿拉伯*	尼日尔*
挪威	斯洛文尼亚	新加坡	尼日利亚*
阿曼	西班牙	斯洛文尼亚	挪威
巴拉圭	斯里兰卡	斯里兰卡	阿曼
菲律宾	瑞典	瑞典	菲律宾
卡塔尔	英国	瑞士	卡塔尔
罗马尼亚	美国	突尼斯	罗马尼亚
沙特阿拉伯*		委内瑞拉	南非
南非			西班牙
瑞士			泰国
泰国			土耳其
突尼斯			英国
土耳其			美国
委内瑞拉			

注：工资比重是按劳动者收入占 GDP 的百分比来计算的，并根据总就业中的自雇发生率进行调节。

*由于缺乏相关数据，此处工资比重未根据总就业中的自雇发生率进行调节。

附录 B
通过模拟评估再平衡政策

此处采用的模型可以用来分析各种不同的未来情形。该模型属于可计算一般均衡（CGE）模型。CGE 模型基于社会核算矩阵，该矩阵可以描述某一经济体中主要社会经济因子之间的生产和分配关系的详细数据。该模型在核算体系中增加了行为关系，并利用经济计量证据来标定相关参数。随后，该模型模拟了对假定冲击和政策的响应。为方便起见以及鉴于第五章有相关的分析，因此该模型未包括对经济中金融层面的分析。

该模型共涉及 160 个国家，最后归类为 16 个国家和地区：这些国家包括美国、日本、加拿大和金砖国家（巴西、俄罗斯、印度、中国和南非）；地区包括非洲、亚洲、欧元区、欧洲其他地区以及拉丁美洲和加勒比海。[1] 此外，出口一半以上集中于石油和天然气产品的国家划归为一个类型。亚洲地区和欧元区区又分为贸易顺差地区和贸易逆差地区。

该模型通过简便综合的方式对产品市场和劳动力市场进行了分析。以这两个市场的价格和数量设定为例。产品市场的主要特征是“宏观经济企业”，这种企业使用国内材料以及来自所有其他地区的进口中间产品来创造国内附加值。这种企业在国内劳动力成本的基础上进行加价，而供应价格则是国内材料和进口成本的加权平均价。成本结构限制了境外成本的转嫁。加价幅度取决于在产品市场中的竞争力。如果企业面临的竞争很小，就可以拥有很大的定价权，其加价费率也很高。当然，高加价幅度也意味着很高的利润份额。

企业产品的总需求量是支出水平、收益增值率和实际汇率之间的一个函数值。在本模型中，支出水平（实际个人投资和实际公共支出）是一个外来因素。不过，随着再分配转向工薪阶层，由于工薪阶层储蓄倾向相对较低，收益增值率将会加大。同时，价格的变化也会引起收益增值率的变化：在其他所有参数相等的情况下，相对较高的国内价格会带来汇率的实际升值以及进口的增加，从而降低收益增值率。

实际汇率的下降——实际升值——也会给对外需求水平带来负面影响。因此，支出、价格和分配都将影响国内企业的附加值，该附加值等于一国的家庭收入。

一国的“宏观经济家庭”包括两个要素：一种是自己拥有企业和雇佣劳动力的家庭；另外一种是为企业工作，并从企业获得工资收入的家庭。这两种家庭就名义工资在劳动力市场进行协商，而名义工资最终取决于失业率。如果失业率越低，名义工资就越高，反之亦然。在协商工资的时候，企业主和工人都不了解所有的价格，实际工资来自于双方协商的费率。此外，劳动生产率取决于由劳动力存储和一般管理劳动力导致的需求状况。劳动力储存是指企业在经济衰退期留住那些技术熟练的员工，这是因为在经济好转时期重新培训新的员工的成本更高；一般管理劳动力是指企业往往拥有一些很难裁掉的后勤和管理员工。实际工资对劳动生产力的比率即实际单位劳动成本，也就是工资比重。工作者的实际工资占劳动生产力的比例越高，工资比重就越高，利润比重和加价幅度就越低。

该模型数据集包括：（1）按照支出、政府收入和个人储蓄划分的 GDP 国民账

1 复合式发展中地区（非洲、亚洲和拉丁美洲）不包括金砖国家。

户数据；（2）双边贸易矩阵；（3）有关劳动力、就业及其相关比率以及收入分配比例（工资比重）的劳动力市场数据；（4）一系列弹性系数。劳动力市场数据利用失业率进行概述。该数据集基于来自各国统计局、地区开发银行和国际劳工组织劳工统计数据库和经济活动人口数据库中有关人口、劳动力、就业和失业率的数据。在有相关数据的情况下采用上报的失业率，否则采用基于最佳基础数据的估算值。所有失业率以及该数据中的其他数值均为 2008 年的数据。有关该模型和数据问题的全面阐述，参见冯·阿尼姆（2010 年）的文章。

参考文献

Adams, C.; Park, D. 2009. *Causes and consequences of global imbalances: Perspective from developing Asia*, ADB Economics Working Paper Series No. 157 (Manila, Asian Development Bank (ADB)).

Akyüz, Y. 2010. *Export dependence and sustainability of growth in China and the East Asian production network*, Research Paper No. 27 (Geneva, South Centre).

Aryeetey, E.; Udry, C. 2000. *Saving in Sub-Saharan Africa,* Center for International Development Working Paper No. 38 (Cambridge, Harvard University).

ADB. "The rise of Asia's middle class", Special Chapter in *Key Indicators for Asia and the Pacific 2010* (Manila).

—. 2009. *Asian Development Outlook 2009: Rebalancing Asia's Growth* (Manila).

Aziz, J.; Cui, L. 2007. *Explaining China's low consumption: The neglected role of household income,* IMF Working Paper No. 07/181 (Washington, DC).

Baldwin, R. 2009. *The great trade collapse: Causes, consequences and prospects,* (London, Centre for Economic Policy Research). Available at: http://www.voxeu.org/index.php?q=node/4304, accessed on August3, 2010

Barbosa, N. 2010. "Latin America: Counter-cyclical policy in Brazil: 2008–09," *Journal of Globalization and Development,* Vol. 1, Issue 1. Available at: http://www.bepress.com/jgd/vol1/iss1/art13, accessed on 6 September, 2010).

Barrientos, S. 2007. *Global production systems and decent work*, Policy Integration Department, Working Paper Number 77 (Geneva, ILO).

Belser, P.; Rani, U. 2010. *Extending the coverage of minimum wages in India: Simulations from household data*, Conditions of Work and Employment Series No. 26, TRAVAIL (Geneva, ILO).

Canuto, O. 2010. *Recoupling or switchover: Developing countries in the global economy* (Washington, DC, World Bank). Available at: http://go.worldbank.org/2U94VVZFN0, accessed on August 3, 2010.

Chamon, M.; Prasad, E. 2008. *Why are savings rates of urban households in China rising?,* IMF Working Paper WP/08/145 (Washington, DC, IMF).

Chan, C.K. 2010. *The challenge of labour in China: Strikes and the changing labour regime in global factories* (Oxford, Routledge).

Chandrasekhar, C.P.; Ghosh, J. 2010. *The New Mercantilists.* Available at: http://mrzine.monthlyreview.org/2010/cg150910p.html.

Cook, S.; Kabeer, N. (eds). 2010. *Social protection as development policy: Asian perspectives* (New Delhi, Routledge).

G20. 2010. *Labor and Employment Ministers' Recommendations to G20 Leaders,* Washington, DC, 21 Apr. Available at: http://www.dol.gov/ilab/media/events/G20_ministersmeeting/results.htm, accessed on Aug. 10, 2010.

—. 2009. *Leaders' Statement: The Pittsburgh Summit*, 24–25 Sept. Available at: http://www.pittsburghsummit.gov/mediacenter/129639.htm, accessed on August 10, 2010

He, D.; Zhang, Z.; Zhang, W. 2009. *How large will be the effect of China's fiscal-stimulus package on output and employment?",* Hong Kong Monetary Authority (Hong Kong, China).

International Labour Organization (ILO). 2010a. *Accelerating a job-rich recovery in G20 countries: Building on experience*, ILO report to the meeting of G20 Labour and Employment Ministers, Washington, DC, 20–21 April.

—. 2010b, *Recovery and growth with decent work,* Report of the Director General, International Labour Conference, 99th Session, Geneva, 2010 (Geneva).

—. 2010c. *World Social Security Report 2010: Providing coverage in the time of crisis and beyond* (Geneva).

—. 2010d. *Employment and social protection policies from crisis to recovery and beyond: A review of experience*, ILO report to the meeting of G20 Labour and Employment Ministers, Washington, DC, 20–21 April.

—. 2010e. *Labour and Social Trends in ASEAN 2010: Sustaining recovery and development through Decent Work*, (Bangkok, Regional Office for Asia and the Pacific).

—. 2010f. *Global Wage Report 2010: Wage policies in times of crisis,* (Geneva, Conditions of Work and Employment Programme).

—. 2009a. "Trade union strategies towards global production systems" in *International Journal of Labour Research,* Vol. 1, No. 1.

—. 2009b. *Recovering from the crisis: A Global Jobs Pact*, document adopted by the International Labour Conference, 98th Session, Geneva, 2009 (Geneva).

IILS. 2009. *World of work report 2009: The global jobs crisis and beyond* (Geneva, ILO).

—. 2008. *World of Work Report 2008: Income inequalities in the age of financial Globalization* (Geneva, ILO).

—. 2008. *Global Wage Report 2008/09. Minimum wages and collective bargaining: Towards policy coherence* (Geneva).

—. IMF. 2010. *The challenges of growth, employment and social cohesion*, Discussion Document, High-Level Conference in cooperation with the office of the Prime Minister of Norway, Oslo, 13 September.

—. 2010. *World Economic Outlook: Rebalancing growth* (Washington, DC).

Lavoie, M. 2009. *The perverse effects of declining wages*, presentation to the International Labour Conference, 98th Session, Geneva, 2009 (Geneva). Available at: http://www.ilo.org/public/libdoc/ILC2009/TD6/Lavoie%20TD6.pdf, accessed on 11 August, 2010.

Ma, G.; Yi, W. 2010. *China's high saving rate: Myth and reality,* BIS Working Papers No. 312, Monetary and Economic Department (Basel; Bank for International Settlements).

Maurizio, R. 2010. *The role of social policy in eradicating poverty: the Latin American experience.* Available at http://www.un.org/esa/socdev/social/meetings/egm10/documents/Maurizio%20paper.pdf, accessed on September 7, 2010.

McKinnon, R.; Schnabl, G. 2009. *China's financial conundrum and global imbalances,* BIS Working Papers No. 277 (Basel, Bank for International Settlements).

Mendoza, R. 2010. "Was the Asian crisis a wake-up call? Foreign reserves as self-protection" in *Journal of Asian Economics*, Vol. 21, No. 1, pp. 1–19.

Mesa-Lago, C. 2008. *Social insurance (pensions and health), labour markets and coverage in Latin America,* Social Policy and Development Programme Paper No. 36 (Geneva, UNRISD).

Milberg, W.; Winkler, D. 2010. *Trade crisis and recovery: Restructuring of global value chains*, Policy Research Working Paper 5294 (Washington, DC, World Bank).

Organisation for Economic Co-operation and Development (OECD). 2010a. *Economic Survey of China, 2010*, Policy Brief (Paris).

—. 2010b. *Perspectives on Global Development 2010: Shifting wealth* (Paris).

—. 2009. *Is Informal Normal? Towards more and better jobs in developing countries* (Paris).

Posthuma, A.; Nathan, D. 2010. *Labour and global production networks in India* (New Delhi, Oxford University Press).

Prasad, E. 2009. *Rebalancing Growth in Asia,* Finance and Development (Washington, D.C., IMF).

—; Sorkin, I. 2009. *Assessing the G20 Economic Stimulus Plans: A deeper look* (Washington DC, Brookings).

Prasad, N.; Gerecke, M. 2010. "Social security spending in times of crisis" in *Global Social Policy*, Vol. 10, No. 2, pp. 218–247.

Rajan, R. 2010. *Fault Lines: How hidden fractures still threaten the world economy* (Princeton, NJ, Princeton University Press).

Rodrik, D. 2008. *Is export-led growth passé?* Available at http.//www.project-syndicate.org/commentary/rodrik23/English.

Stockhammer, E.; Onaran, Ö.; Ederer, S. 2007. *Functional income distribution and aggregate demand in the euro-area*, Department of Economics Working Paper, No. 102 (Vienna University of Economics and Business Administration).

Torres, R. 2010. "Incomplete crisis responses: Socio-economic costs and policy implications", in *International Labour Review*, Vol. 149, No. 2, pp. 227–237.

United Nations (UN). 2010a. *World Economic Situation and Prospects 2010* (New York).

—. 2010b. *World Economic and Social Survey 2010: Retooling global development* (New York).

United Nations Conference on Trade and Development (UNCTAD). 2010. *Trade and Development Report 2010* (Geneva).

Von Arnim, R. 2010. *Employment prospects: A global model of recovery and rebalancing,* IILS Discussion Paper (Geneva, International Institute of Labour Studies).

—. 2009. "Recession and rebalancing: How the housing and credit crises will impact US real activity", *Journal of Policy Modeling,* Vol. 31 pp. 309-324.

Woo, W.T. 2008. "Meeting the China challenge is meeting the challenge of comprehensive engagement and multilateralism", in Anders, A.; Dabrowski, M. (eds): *Challenges of globalization: Imbalances and growth* (Washington, DC, Peterson Institute for International Economics).

Yi, K.-M. 2009. "The collapse of global trade: The role of vertical specialization", in Baldwin, R. and S. Evenett (eds): *The collapse of global trade, murky protectionism and the crisis: Recommendations for the G20* (London, Centre for Economic Policy Research). VoxEU.org publication, available at: http://www.voxeu.org/reports/Murky_Protectionism.pdf, accessed on August 10, 2010.

第五章
改革金融体系以增加和改善就业

主要研究成果

- 虽然金融危机后对金融机构采取了大量支持措施，但在危机的源头国家，家庭和企业贷款的条件仍然苛刻，尤其是对小企业而言。这种状况正在影响投资和雇佣决策，并延缓了经济复苏。

- 紧缩的贷款条件反映了两方面的因素。首先，一些金融机构需要修复其资产负债表，因此向实体经济提供贷款的能力比正常条件下要差。其次，G20 宣布的金融体系改革中只有少数得到了实施。金融体系改革需要处理：（1）过度的市场波动，（2）缺乏市场透明度和实体经济参与者缺乏可靠的融资渠道，（3）金融机构不负责任的冒险行为。这些改革需要在国内和国际层面实施，以避免在各国司法管辖权之间的监管套利，而监管套利将弱化单边实施的任何改革努力。本章指出，无法在这些方面改进监管将影响创造就业，并使平衡增长（正如第四章所示，这对从危机中成功退出是至关重要的）的实现复杂化。

- 特别地，对金融活动征税可以帮助减少过度冒险并提高金融体系为实体经济服务的动力。由此获得的收入还可用作预防未来金融危机的缓冲资本。

- 金融市场改革可能导致短期调整问题。但从长期来看，得到适当监管并在国内和国际监管变革中取得适当平衡的金融市场将有助于创造工作岗位和工作稳定性。本章认为，改革实施五年后，发达国家的就业率将比缺乏改革时高出一个百分点。

- 金融改革的短期调整成本，加上金融业对公布的改革措施的强烈抗拒，部分解释了这一领域的缓慢行动。此外，经济复苏——虽然不够强劲——使大规模金融部门改革的任务复杂化，因为它使政策制定者和监管者的紧迫感降低。高额公共债务和金融部门更困难的前景也可能减弱实施任何可能提高借贷成本的监管措施的动力，包括政府部门（参见第三章）。最后，许多改革建议要求至少一定程度的国际协调，以避免金融部门的监管套利。因此，为使金融改革造福实体经济，进一步的协调行动至关重要。事实上，改革国际金融体系的失败将延缓就业复苏。

引言[1]

对金融业的压力仍然强大，但目前改革进程仍然有限。2010 年 7 月，国会通过了一项由奥巴马政府准备的加强对金融部门管制的议案。同时，欧盟委员会已准备了关于银行税的议案，目的是为稳定性资本提供资金并加强对金融市场活动的监管。即使是国际货币基金组织这样的国际组织也在倡导对金融业进行更严格的监管。但同时，改革的政治阻力仍然很强。改革议案确实在美国参议院获得通过，但却是多次尝试之后才通过的，并且还经历了重大修改。而在 G20 多伦多峰会上，无法对任何更严格的监管形式达成一致，并且拒绝为使金融部门为危机买单而建立银行税的努力。即使是在欧洲（其政策制定者通常更倾向于监管），改革也只触及了诸如限制支付奖金或对奖金征税这些外围话题。但是，关于限制某些金融工具这样的主要话题，目前即便是在欧洲层面的协调仍是不成功的。

当前，关于金融监管的国际僵局使雄心勃勃的改革陷入困境。但和以前一样，有必要采取支持金融稳定和经济活力的新框架（托雷斯，2010 年）。从长期来看，公共债务的迅速增加正潜在地使为私营部门投资者融资的资本市场走向枯竭，尤其是在新兴国家。适应当前环境的货币政策掩盖了实体经济危机的真实长期成本。但是，经济活动一恢复，利率将更广泛地反映扩大的主权风险溢价和公共债务的过度积累（参见第三章）。因此，金融机构被要求在全球范围调动新的储蓄来源并将其补充到国际金融体系中来为实体经济提供资金。但是，经济状况仍不太乐观。全球劳动力市场处于混乱中，而世界贸易尚未完全从 2008—2009 年遭遇的损失中恢复过来。

简单恢复到正常水平是不够的，因为对目前监管框架的信心已经受到损害。因此，谨慎性储蓄可能增加，从而限制了更有活力的复苏。但如果国家想要处理其公共债务危机并将收入和就业恢复到雷曼兄弟公司破产前观察到的水平，则更高的增长率就是基本条件。保持现有金融市场的状况而不进行改革并非可行的选择。但是，国家的监管者和政策制定者在最佳路径上无法达成一致。

本章提供了有关金融市场改革的新观点。本章尤其认为，即使当前讨论的改革措施可能是需要的，但由于政治方面对变革的阻力，它们中的许多可能永远无法实施。这意味着政策制定者需要为不同的改革情形做准备，这取决于国内和国际监管努力能否协调一致。在完全改革和完全不改革的金融市场这两种极端情况之间可能出现另外两种情形，即仅国内金融部门或仅国际资本流动受到一些监管改革。本文从对实体经济，尤其是对劳动力市场，造成的后果的观点对这四种情形进行了讨论。

---

1 作者感谢尤高查克乌·艾古（国际劳工研究所）所作的出色的研究协助工作。他同时对研究所的同事们、2009 年 12 月巴黎管理论坛的与会代表们以及高盛全球市场研究所副总裁桑德拉·劳森女士所给予的极富深刻见解的探讨表示谢意。

第一节 金融市场的艰难复苏

金融市场的紧张状况自2008年危机达到顶峰之后已有所缓和……

在美国投资银行雷曼兄弟公司破产后，发达国家的金融体系在2008年最后一个季度濒临崩溃。由于银行间拆借枯竭，金融压力剧增，使银行部门几乎无法向非金融企业贷款（见图5.1）。由于来自美国次级住房市场的不良贷款感染了全世界主要的国际银行的资产负债表，许多经济合作与发展组织国家的银行部门中的主要银行几乎崩溃（莫宁和约克佩，2010年）。虽然面临银行间普遍缺乏信任这样的环境以及由于缺少运转正常的金融市场而面临评估某些金融产品的困难，但像美联储和欧洲央行这样的中央银行通过扩展其借贷措施对流动性状况的恶化作出了迅速反应。由信心缺失扩散所造成的传染效应使新兴市场的金融压力进一步加大，尽管程度不同。

……帮助提高发达国家的借贷标准……

由于金融部门不正常的压力水平，从2009年下半年起，发达国家的信贷开始收缩。虽然这种趋势尚未扭转，但从2010年初开始，信贷收缩已经明显放缓。但是，由于家庭和非金融企业将计划降低负债程度，所以去杠杆化过程预计将持续一段时间。此外，信贷发展与历史趋势大不相同。当把目前的复苏与2000年初更早的周期性下跌相比，信贷增长率降低了5—10个百分点，这是危机对金融部门影响深度的一种表现。其部分原因是借贷标准的收紧；可以预计，由于经济和金融前景仍然高度不确定，信贷标准仍将比危机之前更加严格（见图5.2）。但是，即使银行借贷标准恢复到正常水平，在预计信贷增长可以继续之前仍将花费达九个月甚至更长的时间。此外，由于公共部门更高的资金需求而产生的对国际资本市场的压力可能在将来推高长期利率，虽然这还没有发生（参见第三章）。这对私营部门降低其目前的高负债率进一步施加了压力。

……确保资本返回新兴经济体。

在新兴经济体，信贷条件没有恶化到如此的程度，部分原因是由于其银行部门与暴露于次级住房贷款问题的主要的美国银行间的相互关联没有欧洲的银行那样紧密。但是，这些国家经历了外国直接投资的迅速减少以及短期资本的大量外流（见图5.3）。危机爆发后，“安全投资转移”（这多少有点令人惊讶）吸引外国投资返回到那些首先爆发危机的发达国家的主要金融中心。国际资本流动曾返回到新兴经济体，但主要是以短期投资组合流动的形式（主要是公司债券），而通过更长期的外国直接投资形式的并不多。如果这些国家由于投资组合流动很可能出现的大而迅速的波动（这对这些国家国际收支平衡表的稳定性造成不利影响）导致经济过热迹象的话（正如已经在巴西和中国看到的），则可能造成潜在问题。此外，其中心角色是为受到信贷约束的公司和家庭提供流动性的银行贷款继续对金融情况造成压力并使这些经济体的风险前景恶化。

图 5.1　金融压力，1997—2009 年

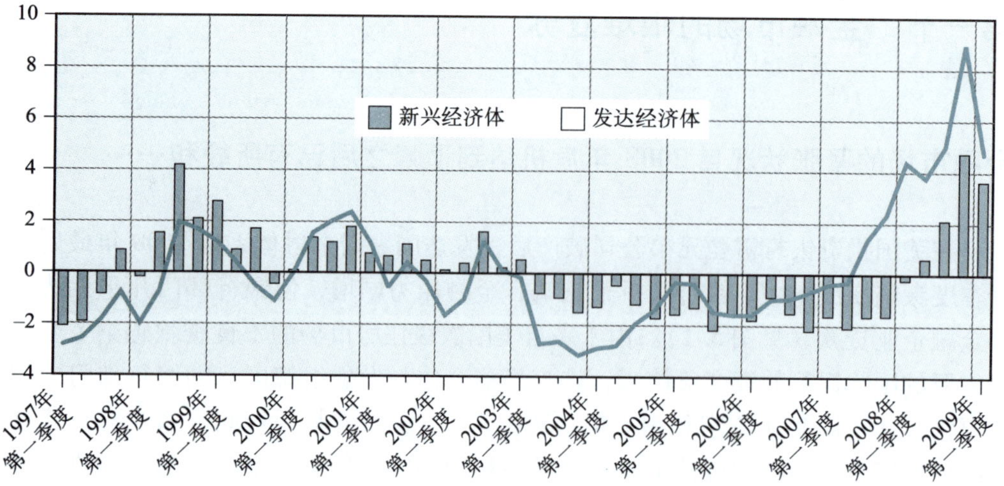

注：国际货币基金组织的金融压力指数数据（对可获得数据国家的加权平均值，发达和新兴经济体指标不同，1997 年第一季度—2009 年第一季度）。指标值越高代表金融市场中的压力越大。

资料来源：巴拉思科楠等（2009 年）。

图 5.2　发达经济体的银行借贷标准，2000—2010 年

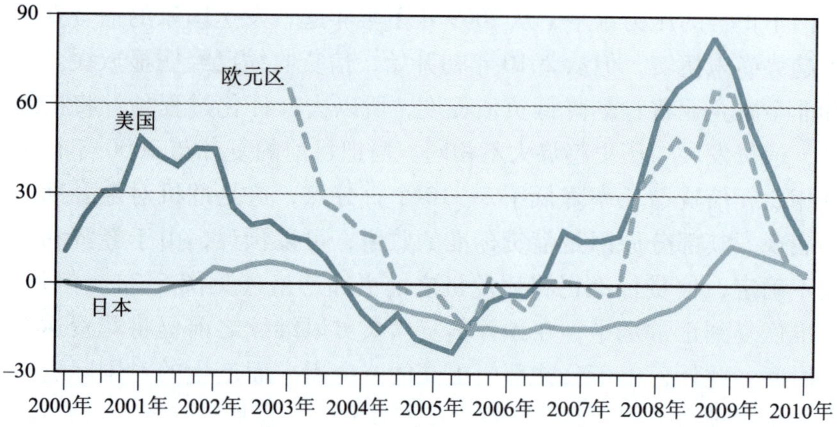

资料来源：国际货币基金组织（2010 年）。

图 5.3　新兴经济体中流入资本的构成（10 亿美元）

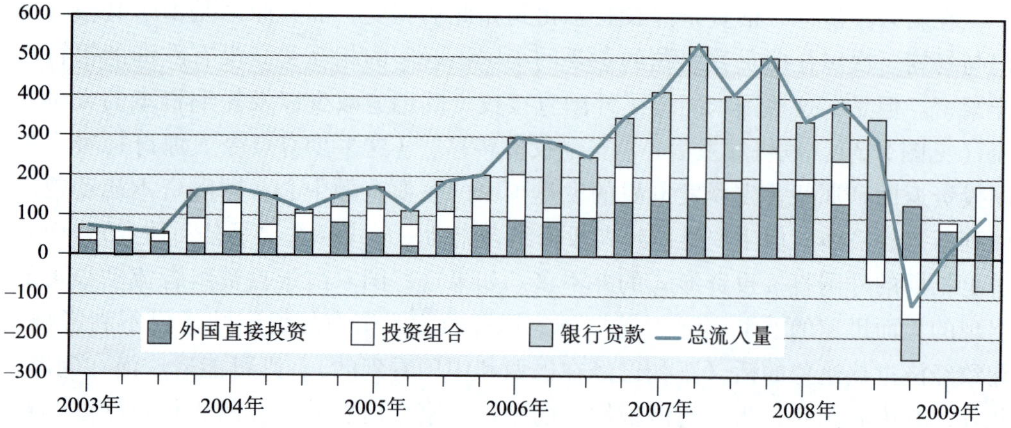

资料来源：国际货币基金组织（2010 年）。

高杠杆率仅逐渐下降……

虽然危机爆发后信贷增速明显下降，但私营部门的杠杆程度仍然较高并且预计只会逐渐降低（见图5.4）。将私营部门债务水平回归到可持续性更强的水平将对可预见未来的经济增长造成明显的阻碍。信贷增长和投资、消费所需金融资金的可获得程度——尤其是在受信贷约束的公司和家庭中——被普遍认为是经济发展的重要驱动力（贝克等，2000年；德米居斯—孔特和莱文，2001年）。因此，比GDP增长缓慢的信贷不利于经济强劲复苏，因为它迫使非金融企业为增长寻求内部资源，从而使其对市场条件的反应程度降低并减弱了扩张的潜力。同时，信贷的缓慢增长将迫使投资者从正在经历去杠杆化过程的国家以外的地方寻求替代的信贷机会，从而进一步恶化了金融状况并降低潜在增长率。

……负债使公司部门面临很大压力。

去杠杆化过程对公司部门的影响很大，并因而影响投资和工作机会。事实上，高负债水平尤其对非金融企业的资产负债表造成很大压力（见图5.5）。由于利率在中期可能提高，这将加速去杠杆化过程，从而进一步减少对新增信贷的需求并抑制私人投资和就业增长。这也将对家庭部门造成影响。实际上，劳动力市场的萧条状态也将触发家庭中的进一步去杠杆化并降低私人消费。由于遭受失去工作和大量（未还）债务之苦，家庭常常被迫对其债务违约。萧条的劳动力市场和对金融市场准入方面更多的限制，这两者之间的相互作用可能对复苏造成强烈的负面影响。例如，一些观察家担心在家庭遭受住房市场萧条并且个人财富缩水或面临负资产的这些国家中，劳动力市场参与决策可能受到影响并且地理上的迁移（这将要求他们卖掉住房）减少。类似地，高杠杆率和商业前景黯淡的非金融企业可能更倾向于降低其资产负债表的杠杆程度，而不是使用留存收益进行新投资。

金融市场的这些变化不利于就业的强力复苏。即使风险溢价和市场波动已从危机高峰时显著下降，但只要商业前景仍然不确定，去杠杆化过程就还将继续。因此，金融市场改革需要迅速恢复信心，确保市场参与者可以信赖其金融投资的安全性。这将要求提高市场透明度并减少金融业管理者过度冒险的动机。同时，金融部门监管者需要改进其监管框架，以提高金融体系应对冲击的恢复能力。最后，关于国际资本流动，监管（尤其是在新兴经济体）需要反映一国国内金融体系的发展水平以避免迅速变化的外部融资条件。这可能是由大量的投资组合流动引起的，并可能破坏一国的中期经济前景，正如亚洲金融危机期间和最近在欧洲新兴经济体中发生的那样。在下文中将探讨目前关于这些方面的改革措施。这些改革措施的目标是恢复长期金融市场稳定性，而这是就业和经济强劲复苏的前提。

图 5.4　银行对私营部门的信贷（占 GDP 的百分比）

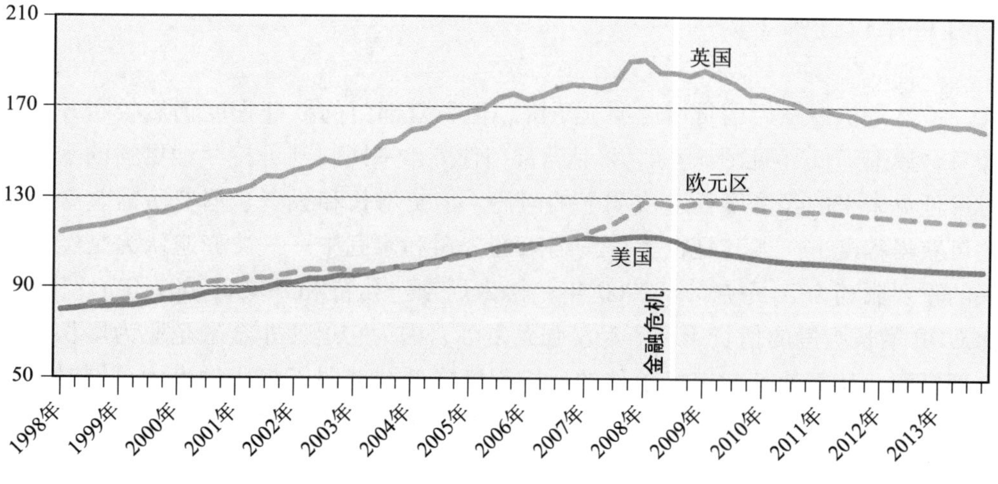

资料来源：国际货币基金组织（2010 年）。

图 5.5　G20 国家负债的构成（占 GDP 的百分比）

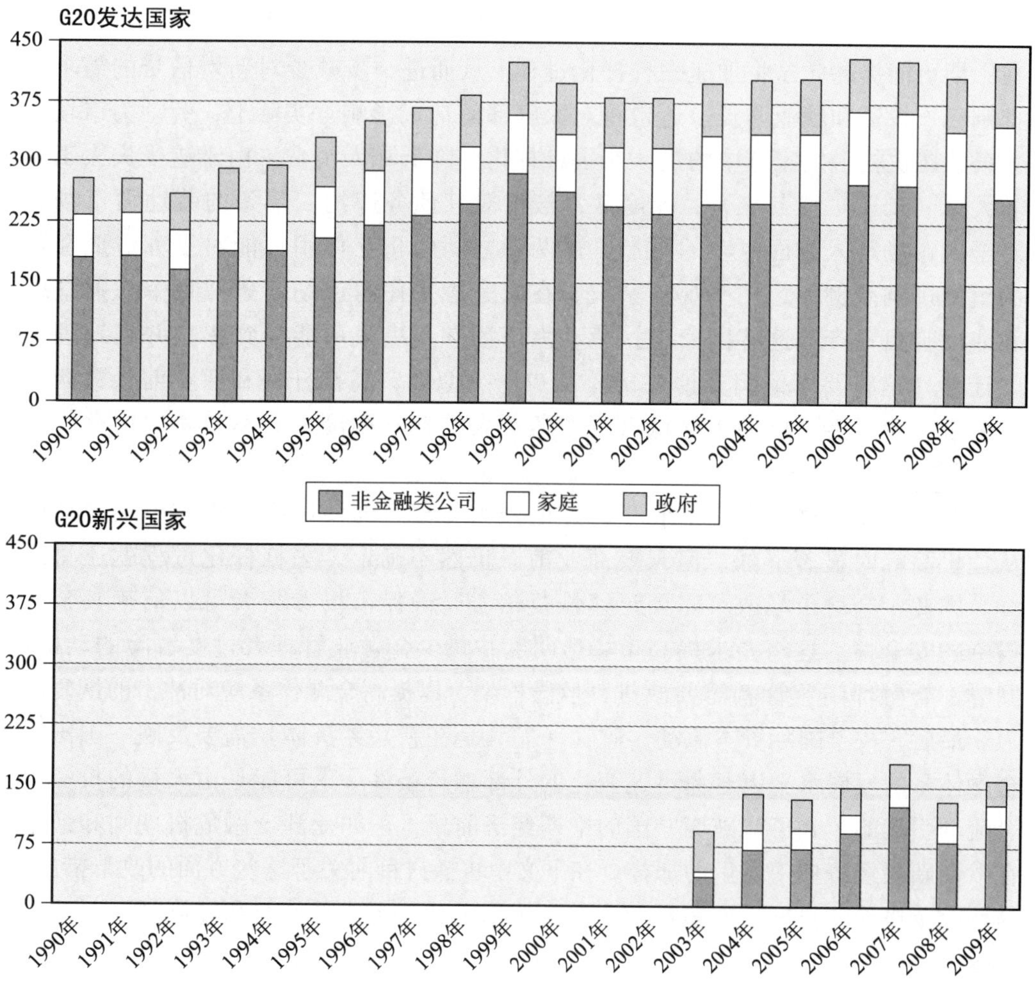

注：数字显示了可获取数据年份的 G20 中发达和新兴国家主要经济部门（非金融类公司、家庭和政府）负债的加权平均值。

资料来源：经济学人智库。

第二节　为实现长期金融市场稳定的改革措施

危机引发了关于金融部门改革的大量讨论，而一些最早提出的建议已经得到实施（见表5.1）。在每个案例中，改革偏好的领域取决于改革拥护者提出的关于危机起源的具体理论。就这方面而言，并非所有改革都是必需的或可行的。但大多数观察家认为，金融市场监管需要针对三个主要领域：（1）需要建立预防来自银行活动的系统性风险的保障措施；（2）需要提高市场操作的透明度；（3）需要减少金融机构的过度冒险行为。但是，下面的讨论表明，目前摆上桌面的建议中没有哪个是可以解决危机的锦囊妙计。更重要的是，一些大规模的改革要求不同司法管辖层面上的各方参与者进行协调，而这在目前还不做不到。下一节提供了这场辩论中最重要的观点，并包括对潜在优劣势的讨论。

处理系统性风险

危机暴露了目前监管框架发现和管理对金融部门的系统性威胁方面的弱点。事实上，始于规模小的住房这一子部门的冲击打乱了整个全球金融体系。这对目前监管体系帮助金融市场吸收冲击方面的能力提出了质疑。审慎监管几乎只关注分析单个银行和金融机构的稳定性，而没有考虑信贷过度增长方面更广泛的影响。为解决目前监管框架的缺陷，改革建议涉及两个相互依赖的话题：单个银行的规模（“太大而不能倒”）以及它们在金融体系中的相互关联（“联系太紧密而不能倒”）。

银行规模可能在危机发生和危机清理阶段都会引起问题。如果银行变得太大，可能出现的风险是政策制定者和监管机构将采取一切措施使银行保持运转而非让其破产（即使是以有序的方式）。但是，这种政策可能延续内在的不平衡，直到问题变得太大，使得投资者和储户从这些银行大规模撤离。在清理阶段，监管机构将需要极为小心地处理以预防溢出效应，后者将延长消除危机和复苏的时间。通常，市场优势地位将通过竞争监管得到规范。但是，有可能银行在获得市场主导地位之前就达到了威胁金融体系稳定性的规模。因此，除了更严格的反托拉斯管制外，改革的支持者已建议引入税收或资本附加费（“监管资本”）——如果可行，这种措施将是反周期的。在理想状况下，这种税的税率将随银行规模而增加，从而对金融机构的增长速度产生有效的限制。

由特定银行与其他金融企业相互关联的程度引发了一个相关话题。实际上，即使银行可能很大，但如果其跨金融部门和实体经济方面的运作受到限制，其破产仅会引起有限损失。相反，如果作为许多交易的对手方的高度专业化但广泛关联的金融机构破产，造成的损害将是广泛的；这就是2008年雷曼兄弟公司破产时的情况。在实践中，考虑这种相互关联将意味着监管者不仅会考虑银行资产负债表的质量，还将考虑它通过其银行网络与其他银行的相互作用。如果必要，监管者可以根据这样一家银行对系统性风险的贡献度来调整监管资本要求（陈鎏，2010年；埃斯皮诺萨—维加和索勒，2010年；国际货币基金组织，2010年，第二章）。在这种情况下，一个特别的挑战将产生于这样一个事实：大多数银行（尤其是更大型的银行）的活动并不局限在国内金融市场，而是在各国之间相互关联。因此，关于市场上每个参与者对系统性风险的贡献度的恰当计算将要求考虑其整

表5.1 计划或现有的金融市场监管措施（G20国家）

国家或地区	处理系统性风险		增加市场透明度		减少冒险行为		
	金融部门监督	对信贷增长的监管	市场信息	对OTC衍生品的监管	对金融部门活动的监管	对管理层薪酬和奖金的监管	金融交易/活动税
阿根廷	基于市场的风险评估	对贷存比设定上限			纳入计划的对资本管制的提高		UC[1]
澳大利亚		N		UC[2]	N	N	N[3]
巴西		反周期充足性规则			资本管制（对流入资本增收2%的税）		UC[1,4]
加拿大		对抵押贷款市场中，贷款与抵押物价值比率设定上限		UC[2]	N	N	N
中国		反周期充足性规则			资本管制	改革SOFE高管薪酬的披露规则	股票交易印花税（0.3%）
欧盟	欧盟范围的金融市场监督；扩展MiFiD；对冲基金认证	巴塞尔资本协议III中的建议	对评级机构的集中监管	通过CCP交易的产品的标准化	对卖空的限制	奖金与底薪挂钩；现金最多占30%	N
法国		适度提高计划的监管资本	建立公共评级机构	UC[2]	N	奖金支付附加税；奖金支付在几年内完成	为救助基金筹资的银行活动税
德国	提高金融监管者的能力（德国联邦金融监管局）	适度提高计划的监管资本		UC[2]	禁止裸卖空[5]	N	补偿危机成本的银行附加税
印度		反周期充足性规则			资本管制		证券交易税（0.075%）
印度尼西亚					资本管制		UC
意大利				UC[2]	N	对超过底薪三倍的奖金征收附加税	
日本		N		UC[2]		更严格的高管薪酬披露规则	N[6]

表5.1 (续)

国家或地区	处理系统性风险		增加市场透明度		减少冒险行为		
	金融部门监督	对信贷增长的监管	市场信息	对OTC衍生品的监管	对金融部门活动的监管	对管理层薪酬和奖金的监管	金融交易/活动税
韩国		反周期充足性规则			资本管制		
墨西哥							
俄罗斯联邦		反周期充足性规则			禁止裸卖空		
沙特阿拉伯					不允许卖空		N
南非							N
土耳其		调整风险权重					
英国	作为英格兰银行金融稳定监管一部分的审慎监管局	UC[7]	消费者保护机构（消费者保护和市场管理局）	UC[2]	对卖空的临时禁令（2008年）	奖金附加税	股票市场交易印花税（0.5%）
美国	更严格的银行监督	收紧杠杆比率监管；扩展到影子银行体系	消费者保护机构；评级机构的法律责任	计划的公开市场交易	存款机构不得从事自营交易（“沃尔克规则”）	临时奖金限制（2009年）	N

注：本表展示了计划的或已有的监管金融市场的措施。巴塞尔资本协议III（目前正在国际清算银行的银行监管巴塞尔委员会讨论）是对现有巴塞尔资本协议II审慎监管框架的增强，包括增加监管资本和对信贷增长的限制。

N=无计划/已有的措施；UC=正在考虑；OTC=场外交易市场；CCP=中央对手方；SOFE=国有金融企业；MiFiD=金融工具市场法规（协调金融投资服务监管的欧盟法规）。

1 最近建立的南方银行预计，将通过金融交易成本来筹集部分资金。2 参加场外衍生品监管者论坛。3 澳大利亚在1982年和2002年/2005年间对从银行取现征收银行借方税。4 巴西在1993—2007年间尝试实施金融交易税。5 限于特定资产类型（十家主要的德国金融机构；欧元区主权债务的信用违约互换）。6 1999年废除了证券交易税。7 转向周期调整后的资本充足规则。

资料来源：各国数据；巴斯等（2001年）。

个全球活动和网络联系。由于国内监管者可能没有以完全相同的方式实施这些监管，所以这种更严格的监管只会导致监管套利并使受监管程度最高的活动转移到监管没有那么严格的国家（卡普里奥，2010 年）。

提高市场透明度

缺乏金融市场透明度被视为过度乐观的投资决策的主要原因之一。在这方面，顾客定制的、专业化的金融工具的市场被认为是最为不透明的。这些产品的目的是帮助投资者对冲特定类型的市场风险。金融企业以定制的方式向其客户提供大量的此类产品（这些产品基于市场上现有的证券，但比一般金融产品更符合客户的具体需求）。[1] 但是，这一市场的迅速增长对金融市场稳定提出了新挑战。实际上，由于大多数交易以不同的方式发生，市场不透明程度增加，掩盖了存在于不同市场参与者之间的具体相互关联并且当投资者需要重组其投资组合时使得对此类产品的清算变得困难。这导致了系统性风险的进一步增加（国际货币基金组织，2010 年，第三章）。作为对这种情况的应对措施，改革提案建议产品标准化并引入中央对手方，即所谓的“清算所”；清算所将作为市场中介并帮助清算大量参与者之间的交易。这将排除市场的部分不透明，并在一个市场参与者破产时预防传染效应。但是，由于这种清算体系将要求产品标准化并将使这些产品对特定投资者的吸引力下降，所以并非所有金融产品都能以这种方式得到保护。但更重要的是，清算所本身需要被保险，以免遭受可能的破产（此类情况非常罕见，一旦发生将是重大的事件）。由于这些机构涉及大量资金，因此需要对其进行严密监管，因为这类机构破产所造成的影响将比目前危机中经历的情况严重许多倍。

评级机构在掩盖金融投资承担的真实风险方面起着重要作用。许多最终成为银行资产负债表中有毒废品的金融产品开始时都有最高的评级等级。例如，三大国际主要评级机构之一的穆迪公司在 2008 年夏季被迫下调几乎 700 种证券的评级，这部分解释了导致雷曼兄弟公司破产的金融市场稳定性的迅速恶化。对评级迅速恶化的怀疑会产生这样的问题：为什么评级对金融市场恢复能力如此重要？在很大程度上，这与这样一个事实有关，即评级越来越多地被监管者用于评估单个金融机构的稳健程度（布斯，2009 年，第 11 章）。同时，目前评级机构的商业模式依赖于发行金融产品的公司为其评级服务付款。这两方面因素有助于解释为何评级总是系统性地偏向乐观，以及为何它们在引起住房市场繁荣和萧条中如此重要。作为对这些缺陷的应对措施，欧盟委员会已建议对评级机构进行外部监督。另外，一些人建议引入公共评级机构来提供关于特定资产（尤其是主权债券）的更为中立的观点。此外，还有人提议把降低目前评级业高准入壁垒来鼓励更多竞争作为增强评级机构生成最可能精确的评级结果的动机的一种方式。

最后，危机进一步暴露了某些市场参与者在尝试取得恰当的融资途径时经历的持久困难，尤其是诸如低收入家庭和中小企业。实际上，高风险次级贷款市场发展的部分原因是某些个人和企业无法得到其他恰当的融资来源，尽管他们参与金融市场本身是可以加强福利的（拉詹，2010 年）。在一个市场透明度有限的环境中，不顾道德的银行或抵押贷款机构经理得益于（更）宽松的监管标准以及总

1 “场外交易”市场（OTC）反映了大多数产品是高度定制的和非标准化的这样一个事实。

体市场不透明。这使他们可以对这些家庭以不合适的利率提供抵押贷款或依据对未来房价和收入增长过于乐观的假设。当危机爆发时，银行部门从另一个方向作出了强烈反应，对获取信贷制定了高标准并迅速使次级贷款市场枯竭。因此，最初作为增强金融包容性的、前景光明的金融创新最后使许多以前的房屋所有人破产，并使更多的家庭和小企业面临比危机前更困难的融资环境。为弥补这一情形，已经提出了增强金融包容性的建议，目的是改善信贷形势，尤其是对中小企业和某些类型的家庭。例如，美国最近通过的法律包括通过专业机构实施强化的金融消费者保护措施。类似地，G20 专家组提出的关于金融包容性的九条“创新型金融包容原则”建议政府机构应该增强获取金融服务的创新模式，同时加强消费者保护（涉及政府以及金融服务提供商代表、消费者代表）。[1]

减少冒险行为

始于次级住房市场的冲击也显示出市场参与者对冒险的过度偏好。特别是，美国次级住房市场对借贷标准的宽松监管以及国际上对收益的寻求似乎增强了金融机构的风险偏好（卡瓦列罗等，2008a、2008b 和 2008c）。为减少过度冒险的行为，改革努力集中在资本管制、对特定形式的金融交易实施禁令或征税、监管银行活动以及改变金融管理层薪酬。

一个长期存在的议题就是引入国际金融交易税（“托宾税”），以消除或减少短期（汇率）投机。G20 接受了这种方案，并邀请国际货币基金组织在其匹兹堡会议上评估这一议题并对是否在该领域早期经历的背景下实施这种税收提出具体建议（见专栏 5.1）。此外，一些国家开始禁止某些金融工具，尤其是卖空，或者通过资本管制限制外国资本流入。另外，国际货币基金组织建议引入金融活动税，即对金融部门（超额）利润征收额外的税，其目的是限制杠杆和银行规模。南方银行（最近成立的一家拉丁美洲开发银行）目前正在考虑这一想法。理论上，这种税将反映单个金融机构对系统稳定性的贡献度。最后，从这种税征收的额外资金可用于补充金融部门稳定基金，该基金将在出现金融压力的情况时提供流动性而不需要公共财政的参与。这种额外的税收看起来确实是限制信贷过度增长的有价值的工具，并将使政策制定者在可能出现的未来危机时有足够的资源。

其他建议则更为直接地针对监管特定的银行活动。具体而言，美国商业银行和投资银行活动的合并被视为金融投资者风险偏好增大的根本原因，因为这使合并后的银行可以使用存款（和存款保险）来为其自身的投机活动付款（所谓“自营交易”或“自有银行交易”）。美联储前任主席保罗·沃尔克建议应该完全禁止商业银行从事自营交易（“沃尔克规则”）。其他建议关注债券持有人和储户在限制银行风险偏好方面发挥更强的作用。具体而言，银行破产时实施强制的债券—股权互换方案可能会迫使债券持有人更谨慎地选择其投资组合，并在愿意承担风险时才持有这些债券。这种条件可转换产品（“CoCos”）还具有在某些资产变为有毒资产时提高金融企业股权基础的能力，而这将进一步稳定银行体系。沃尔克规则和 CoCos 的引入将对银行的业务模式产生实实在在的干预，并已受到金融市场游说集团的强烈抵制。此外，至少 CoCos 看起来并不是完全不受市场操作的，

---

1 这些原则可以从以下网址获得：http：//canadainternational. gc. ca/g20/summit – sommet/2010/toronto – principles – toronto. aspx？lang = eng（2010 年 9 月 6 日访问）。

专栏 5.1　拉丁美洲金融交易税的早期经历

几个拉丁美洲国家已经试验了几种具体的金融交易税。实际上，阿根廷、巴西、哥伦比亚、厄瓜多尔、秘鲁和委内瑞拉都在 20 世纪 80 年代末或 20 世纪 90 年代初引入了不同形式的银行借方税。现在，仅仅只有哥伦比亚仍然实施这一类型的税。所有这些方案的一个共同特点是对从银行账户（主要是支票账户）取现或转账征税，还包括储蓄和定期账户。某些方案还涵盖了证券和衍生品交易。

这些方案的公开的直接目的是产生收入而非稳定金融部门，并且常常是临时性的。一些方案引入的目的是为特定计划筹集指定用途的资金，例如巴西的临时金融流通税（“CPMF”）方案，该方案是为新的医疗保健计划筹集资金。但是，除了厄瓜多尔外，这些方案都没有产生大量的财政收入。在大多数情况下，这些税产生的额外税收收入仍低于 GDP 的 1%（科埃略等，2001 年）。

更高的税收收入和特定社会计划的扩张产生的潜在积极效果必须与观察到的对金融市场发展的直接影响进行比较。具体来说，所有这些方案引起了显著的去金融中介效应，即更多的人仅以现金进行金融交易以规避税收。在一些案例中，通过离岸机构或在邻国持有账户的方式避税，从而降低了透明度和国内金融体系的稳定性。在巴西，更复杂的金融产品取代了标准的支票和储蓄账户，从而限制了 CPMF 方案获取税收收入的能力。

因为转换发生的条件需要复杂的技术分析，而这将可能使这一体系更为不透明（古德哈特，2010 年）。

最后，与业绩相关的管理层激励导致了某些金融企业过度的冒险行为。实际上，现在大多数交易员的薪水中仅有很少一部分是固定薪酬的形式。大部分薪酬是作为奖金（取决于上一期的业绩，一般是上一年）或是以股票期权（可在一定的滞后期后行权）的形式支付的。具体而言，许多奖金体系的短期、回溯的性质使金融管理层过度关注短期利益而非长期可持续的利润。针对这些问题，以减少使用基于奖金体系的高能激励措施为目的的改革建议已经建立或得到实施。具体地说，一些监管机构强制薪酬组合包括奖惩体系，该体系平滑一段时期内的年度盈利和损失，并仅在符合银行“可持续”盈利的情况下支付奖金。

第三节　金融的未来：四种情形

金融部门改革将在很大程度上取决于开篇描述的经济复苏所形成的政治力量。事实上，由于银行和金融机构担心其商业模式或独立性受到影响，对改变的抗拒程度很高。最初的监管金融管理层薪酬方案或在本领域引入额外税收的尝试已经导致了抵制措施。类似地，成功实施某些建议所必要的国际协调经常受到本国政府的抵制，尤其是在金融危机期间状况不错的国家。本章将更近地观察对金融部门改革施加压力的政治经济约束，并分析金融业未来的四种可能情形及其对实体经济产生的影响。

塑造金融监管的力量

政策制定者可以进行金融市场改革的领域主要有两个：国内市场和国际资本流动。政策制定者面临的困难之一是可能有必要只集中关注两个干预领域中的一

图 5.6 公共债务和金融市场改革

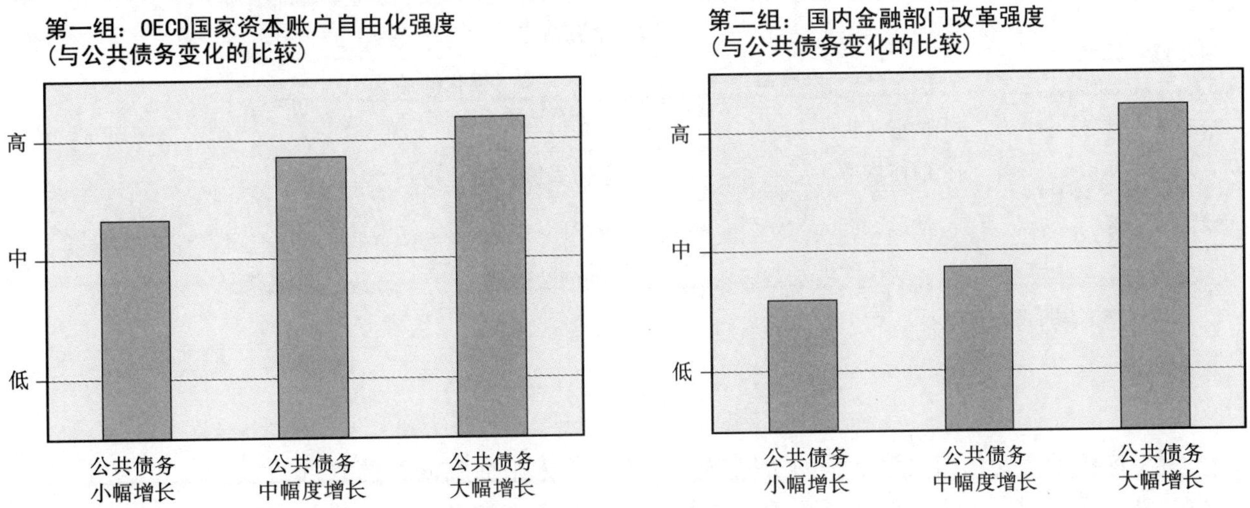

注：该图显示了 1970—2003 年间，OECD 国家之间资本账户开放在十年中的变化与同期（滞后）公共债务增加的比较。

资料来源：齐恩和伊东，2008 年；经济合作与发展组织，2009 年。

注：该图显示了 1970—2005 年间，OECD 国家之间国内金融部门的改革强度与同期（滞后）公共债务增加的比较。

资料来源：阿比阿德，2008 年；经济合作与发展组织，2009 年。

个。但是，无论政策制定者选择哪个领域进行干预，三种力量塑造了金融部门改革过程：经济复苏、高额公共债务以及各国司法管辖领域之间的监管竞争：

- 金融和经济复苏实际上使金融市场实质监管改革的任务复杂化。目前保持的普遍政治压力可能随着商业活动的继续而减弱（参见第二章）。紧迫感将减弱，从而使政策制定者在推动全面改革议程时更加宽大。此外，危机在一定程度上限制了金融机构的政治影响，由于前景的改善，它们将重新获得更强的政治话语权。最后，金融部门（再）监管将在一个差别很大的宏观经济环境中进行。投资者的风险偏好（目前）只回复了一半。从长时期来看，由于投资者重新评估其所处环境并考虑投资于收益率更低且风险也更低的资产，因此谨慎性储蓄可能增加。

- 同时，国家和政策制定者的行动受到危机期间所累积的高额公共债务的限制。这将缩小他们的行动范围和可以有效引入与资本所有者和他们自己的融资人的利益无关的任何种类监管措施的程度。在过去，公共部门债务迅速增加的时期通常是在放松金融管制时期之前出现（见图 5.6）。换句话说，即使识别事前最优的金融部门监管措施是可能的，但这种改革不大可能得到实施，因为政策制定者严重依赖金融市场来为其高额且仍在增加的债务进行（再）融资。

- 最后，由于害怕损失（金融部门）市场份额，各国司法管辖范围之间的监管竞争阻碍了各国实施必要的全部措施。由于各国争相通过有利的监管条件来吸引金融企业，所以过于严格的审慎监管可能妨碍金融部门的进一步增长。高度称职的员工可能考虑转移到税收和监管环境（如关于奖金监管）更有吸引力的其他地方。类似地，金融企业可能考虑将其活动转移到对杠杆和信贷增长的限制不那么苛刻的司法管辖地区，并通过分支机构向国外客户提供服务或在不同的监管条件之间套利。

表 5.2 退出危机的情景

国际资本流动	国内金融市场	
	未改革	强化的监管
未改革	情形一： 前途坎坷	情形三： 新的妥协
强化的监管	情形二： 全球化停止	情形四： 金融部门重大改革

资料来源：国际劳工研究所。

由于这些动态变化和政策干预的不同领域，金融业未来面临四种情景（见表5.2）。从本质上说，国内金融市场改革要求与针对国际资本流动的改革措施不同的政治资源和层次。国内改革——如果政策制定者希望这样做——能够得到迅速实施并且与其他地方发生的事情没有关系。但是，国际资本流动需要最低限度的国际合作。一国可能在一定程度上通过资本管制来非常好地保护自己免受特定形式资本流动的影响，但是只有在完全自给自足的这一例外情况下，一国才不会在其国际收支平衡表上看见任何外国资本。但是，与外国资本市场的这种关系总是带来来自当地金融危机的传染的风险，无论是通过信心效应或更严重的清偿风险。针对这两种类型的市场干预我们提出四种主要情形，这取决于国家是否能够以及在何处能够实施其政策。需要注意的是，表5.2没有考虑将实施哪种类型的监管。相反，它假设在这些情形中无论政府何时干预，这样做的目的都是为了在监管干预领域收紧已有监管措施并限制某些活动。各种情形之间的差别来自国家监管者有效干预的能力。

金融未来的四种情形

情形一：前途坎坷

第一种情形假设国家在监管金融部门的能力上面临巨大的阻碍。在对金融部门的救助措施和支持总需求的刺激措施后，为能够在未来类似情况下进行干预，各国希望恢复其财政空间。同时，世界各国财政部门对资金需求的同时增加将影响国际金融市场可获得的流动性并推高利率。因此，在这种情形下，对金融市场的监管立场是支持金融市场的未来发展而不是进行约束。在目前政策制定者强烈反对任何进一步的金融市场放松管制的情况下，这可能看起来有点奇怪。但是，受巨额公共债务的影响，政策制定者可能软化他们目前的立场。此外，由于对危机的记忆开始减退，国际投资者的游说团体将恢复势力并确定行动路线，即巩固对外国投资在免受超额征税方面的保护或为引入目前未知的新金融工具提供便利。而所有这些将不可避免地导致金融市场的深化和更大程度的国际金融一体化，无论批评者相信什么。目前摆上台面的其他改革可能增强金融市场稳定性并改善金融创新的前景，例如对特定金融产品引入清算所和进一步改进国际支付基础设施。

金融市场的深化将对实体经济产生实质性的影响。在宏观层面上，流动性驱动的增长将在危机引起的暂停后重新启动；而在微观层面上，金融关系将继续保持一定距离——与过去相比，情况更是如此，并且在那些仍然高度依赖更传统的银行关系的国家肯定如此。实际上，银行中介在危机期间遭受打击并可能比基于市场的直接融资花费更长的时间来恢复。作为回应，政府可能倾向于为更小的企业直接获取市场融资提供便利，从而进一步对这些公司增加取得高额财务回报的压力。这还意味着投资银行可能回到中心位置，并开发目前未充分开发的新市场。综合这些因素，在未改革金融市场的情形下，对实体经济的金融压力将继续保持或者可能增强。如果企业杠杆继续增加并且公司债务继续增长，则对具有成本效益的目标的这种归纳将仅仅与危机前的营业利润率（以及趋势生产率的潜在增长率）一致。

虽然恢复到危机前的金融市场状况，但在这种情景下，未来宏观经济扩张和创造就业的前景看起来可能比危机前黯淡。实际上，由于G20发达经济体的政府债务水平几乎比危机前高出40个百分点（参见第三章），必要的投资资金将难以获取。这对目前作为全球复苏主要驱动力的新兴经济体来说，情况更是如此。此外，当金融市场仍然未改革时，市场感情和家庭信心可能比危机前更加不确定，这意味着在那些传统上被认为是世界消费中心的国家也存在谨慎性储蓄的增长。结果，这些国家的消费增长也可能下降，从而对全球增长造成进一步的阻力。最后，随着金融压力的进一步集聚，社会摩擦和工资的低增长率可能比危机前更加普遍，从而对宏观经济活动造成进一步的负面影响。换句话说，只有在宏观经济政策能提供高负债率的可信出口并以一种更可持续的未来增长模式以恢复市场参与者和家庭信心时，增长才可能恢复；但这是一个难以平衡的等式。

情形二：全球化停止

第二个情形是作为回归强势政府（“国家资本主义”的推进）的第一步的经济体财政努力的显著增加，尤其是在发达经济体（布雷默，2009年和2010年）。由于金融改革的压力仍然很强，其结果即使在金融部门之外仍然可以感觉到。事实上，一些观察家已经注意到对资本主义体系的一般性再监管的概率显著增加了（津加莱斯，2009年）。已经可见的全球（金融）财富转移趋势以及大力寻找替罪羊可能实际上在发达经济体领导人者中触发了贸易保护主义意识（科恩和德隆，2010年）。具体而言，政府可能倾向于通过削减过去20年引入的一些自由贸易方面的进展来对普遍鼓噪作出反应。事实上，政府已经开始使用他们新设立的权力来提高国际贸易壁垒，虽然目前动作还不大。已有几项计划将财政刺激的目标主要定为国内生产（如“购买美国货”），而部分关税已经增加到多边协议允许的程度。其他国家开始实施限制某些领域出口的措施，以在其他领域取得竞争优势。[1]同时，所有恢复新的多边贸易协定——多哈回合——的尝试目前仍然不成功。因此，存在一种强烈而持久的风险，即随着金融危机出现的国际贸易大幅下降不会迅速得到扭转，而国际贸易的持续下降可能出现。在撰写本文时，世界贸易尚未完全恢复到两年多前的2008年中期观察到的峰值。类似地，发达国家在保护国内企业免受越来越多的来自主权财富基金的资金流入的影响这方面的压力越来越大，并威胁在未来对国际投资实施更强的限制措施。这将对贸易和跨国企业在全球组

1 例如，参见最近世界贸易组织（WTO）对中国部分原材料出口壁垒的关注（世界贸易组织，2010年）。

织生产的能力产生显著影响。

此外，获得为贸易提供便利的资金方面的持续困难和贸易伙伴之间关于出口前融资方面信任的继续缺乏至少可能导致全球生产链部分迁移，从而导致生产平台搬迁到离最终消费者更近的地方。其部分原因可能与诸如和气候变化相关的其他政策有关，这些政策将被用作实施与能源使用或碳排放相关的关税的借口。一般来说，有充分的理由相信，未来生产者将再次偏好离最终消费者更近，以更好地对他们的需求作出反馈，但使用的是标准组件（称为“全球本土化”，见茨姆巴等，2009 年）。具体而言，对服务组件需求的增加以及提供集成产品——服务解决方案——的可能性将使某些生产者返回到离他们的最终客户更近的地方。

最后，在全球化进程中踩刹车也将限制出口导向型增长模式的预期收益。新兴市场可能寻求新的、国内的增长来源。由于规模更大，一些经济体（如印度尼西亚）已开始以对出口的过度依赖为代价来提升和刺激私人消费。其他经济体将通过参加现有自由贸易协定或准备放弃不容忽视的增长潜力来找到解决方案。但是，鉴于国际贸易对全球增长的重要性（弗罗因德，2009 年），向保护主义的回归可能破坏仍然高度依赖出口的这些国家的增长潜力。对大而相对封闭的国家和地区（如美国）存在将其部分进口重新定向于国内生产的潜力。很明显，这种重新调整可能减少增长潜力并对劳动力市场造成影响，至少暂时如此（阿图斯和帕斯特雷，2009 年，第六章）。同时，国家为返回到更加可持续的公共财政而具备的更强的资源动员能力可能限制对私人投资的进一步挤出效应。类似地，由于全球经济再平衡以及更稳定增长的前景趋于明朗，谨慎性储蓄可能减少。国内增长的两个来源可能在一定程度上有助于弥补来自贸易的潜在增长收益方面的损失。

情形三：新妥协

在第三种情形下，国家将足够强大以达成新的妥协，但缺乏通过协调来限制或减少金融全球化的能力。政府将能够影响国内银行部门的演化和活动，但国际金融流动——以及相应的全球增长前景——将继续受到关于全球经济中财务回报和投资机会方面考虑的影响。政府甚至可能遵照被认为是该领域最佳实践的少数例子，例如加拿大抵押贷款市场的监管或者西班牙银行必须实施的监管资本随经济周期变化。另一方面，部分由于缺乏对国际资本流动的再监管，它们在国内银行部门监管或采用未经检验的政策（例如，对银行业的强制重组或对金融企业的增长实施限制，以限制金融业相对于其他经济部门的规模）方面，不可能走得太远。

金融市场参与者将不能完全规避对国内市场的更严格监管；它们将被迫根据改进和稳定金融资金的目的来显示对风险的更好把握。同时，金融流动将继续得益于自由的国际移动，从而使全球经济可以继续以前的扩张。具体而言，目前关于对国际金融交易征税的建议将不会通过简单的政治可行性研究的初期阶段。类似地，增强一些国际参与者——显然是 IMF——在管理国际金融体系中的作用的想法将被拒绝，尤其是被发展中国家拒绝。实际上，这些国家将把这样一种扩张看作工业化国家另一次试图接管的行为，并且唯一的目的是阻止或减缓经济权力和国际政治的转移。同时，在实施再监管金融体系的共同解决方案方面缺乏国际协调意味着监管套利继续发生。这可能严重破坏全球金融体系的稳定或者甚至激励（一些）国家政府在监管其国内市场方面展示出过度的热情，从而对国内增长产生不利影响。

但是，从宏观经济稳定的角度来看，本情形很可能被认为是最能将短期储蓄的稳定和保持以前的增长机制这两方面结合起来。同时，最近几十年观察到的某些社会经济趋势只会非常缓慢地变化，并且在主动的政策的方向下，国际资本流动将继续对工资份额产生下行的压力，从而限制国家促进更为平衡增长的能力。此外，短期金融回报将继续主导国际资本流动的分布和某些国家及地区的潜在增长。结果，国家经济向更加可持续的社会和生态增长模式的重组在这种情形下可能花费更长时间，至少与情形二相比是这样。同时，全球不平衡不可能很快消除，只是由于国内审慎监管的加强从而使得另一次危机暂时不会发生。但是，这种对金融市场的再监管可能承受未来金融创新的程度在这种情形下仍然不清楚。

情形四：金融部门重大改革

最后一种情形假设政策制定者和监管者对国内和国际金融架构进行一般而深入的改动。这意味着政府恢复了在金融危机期间丢失的一些自治权力。同时，这种情形可能导致对经济的一般性重组，因为政府可能使用它们新建立的能力进行干预以满足其他政策目标。具体地说，常常提到的绿色经济的出现可能被置于政策制定者议程的重要位置。更一般的是，这种经济活动重新定位于其他的、生产率更高的部门——最近的评估已证明房地产业并不是全要素生产率的重要驱动力（乔根森等，2008 年），这一转变可能进一步扩大政策空间，如果它能促进额外资源（例如那些在财政巩固和经济复苏中有帮助作用的资源）的话。因此，与情形二类似，政府将再次在定义国家经济战略中发挥更重要的作用，且并不必然与其他经济和金融主体进行妥协。

同时，面向新的部门组合的政策转变将最可能伴随着潜在增长率的降低——至少是临时的。事实上，这种情形暗示的结构变化以大而持久的交易成本的形式提出了严峻的挑战。欧盟国家在 20 世纪 70 年代两次石油危机后的痛苦经历以及接踵而至的部门重组表明，结构调整的影响可能持续几年甚至几十年。存在刚性劳动力和产品市场（该市场阻碍工作和工作者从一个部门向另一个部门的迅速转移）的地方的调整成本将更高。同时，这种调整的发生必然伴随明显的摩擦；结构性失业将会永久增加，而劳动生产率的增长率和实际工资将下降。这可能造成其他不利后果，包括总需求减少。同时，从税收筹集来的、用于使经济转向新部门的收入很可能不会完全用于资助新工作，原因很简单，即公共财政在危机期间已经遭受重创。

显然，虽然这也许是最不可能出现的情形，但从对实体经济影响的角度来看，它也是影响最深远的。由于新规则将施加的严格限制，财务回报可能下降一段时间。此外，这种新的金融环境将重新定义比较优势（需要交易成本并降低未来增长），而不管积极的政府干预。某些国际联系和垂直生产链将被拆解，而类似的或者甚至更强的、情形二所描述的全球本土化的趋势将出现并削弱世界贸易的作用。但从长期来看，由于国际（金融）溢出的可能性减小以及监管更加严密的银行体系而产生的显著增强的金融稳定性可能对投资和创造就业提供一些支持。

对劳动力市场发展的影响

对四种情形的讨论突出了三个将决定金融部门发展对实体经济的影响的关键

因素。首先，新的或修改后的监管得到实施的程度将对金融市场是否显示出或多或少的压力和波动产生影响。[1] 第二个因素与前一个因素相关，即金融市场监管影响资本成本和股票市场估值的变化。第三个因素与国际形势有关，国际金融架构的变化可能影响国际资本和贸易流动。为提高对四种不同情形对劳动力市场的影响的理解，本节展示了对某些作为这些情形组成部分的关键宏观经济变量和劳动力市场动态变化之间的关系进行的定量研究。具体而言，最近开发的一种用以识别劳动力流动动力学的决定因素的分析框架被用于这项研究（恩斯特，2010 年）。该框架使将经济与金融变量和新工作被创造、旧工作消失的速率联系起来成为可能，从而对每个情形将对就业动态变化情况的影响进行更精确的估计。基于前一节提出的情形，我们将提出各种变量在这些不同的条件下的一些可能的变化途径。

在这四种情形所作的关于经济和监管变量演化的不同假设的基础上，本文对有关因素对典型 G20 发达国家中就业变化的可能影响进行了估计。[2] 在基准情形下，假设从 2010 年开始，流通股的实际价值将永久增加 10%，贸易增长将以每年 10% 的速度继续，而资本流动也将每年增加 10%。不引入关于证券或银行部门的进一步金融市场监管。同时，该情形假设全球金融压力增加一个单位，通过巴拉思科楠等人（2009 年）提供的指标测量。这种定量情形假设金融市场压力不仅对创造就业，而且也对劳动力供给产生影响（通过怯志工作者效应）。特别地，根据基本估计，如果金融市场压力指标增加一个单位，劳动力增长率就会永久降低一个百分点。虽然有这种额外的金融市场压力，但由于贸易和股价的强劲增长，就业增长继续复苏。在 2015 年达到高峰后，它将逐渐回归到大约 1.7% 的长期趋势增长率上，这与这一地区的劳动力增长率一致（对这些模拟没有假设人口特征的变化）。

作为比较，另外三种情形假设——每种的程度不同——对证券或银行部门监管的进一步收紧，其中情形四对这些指标的演化的假设最为严格（图 5.7）。由于引入更严格的国内监管，在情形二和情形四中预计贸易下降，而金融市场压力（以及流通股的实际价值）仅在情形三和情形四中下降。如图 5.7 所示，所有三种改革情形对就业的影响如预期一样，在短期都是负面的，虽然效果肯定比其他人预测的要小得多（国际金融协会，2010 年）。但在三年之后，在情形四中可以看到一些改善的地方，尤其是由于金融部门波动下降。在这一效应最弱的情形二中，世界贸易和金融市场活动中活力降低的不利影响将使就业增长率永久低于基准增长率（未改革的金融市场），而就业水平将参差不齐。在尝试对国际金融市场进行一些再监管的情形三中，最初工作的减少不会恢复，但从长期来看，就业复苏到与基准情形类似的扩张水平。当政策制定者更加雄心勃勃时，尤其是与国内再监管和银行部门监管框架有关时，可以预计将对就业创造产生更强的积极影响，而就业将永远比在基准情形中扩张得快。换句话说，与金融市场波动降低带来的益处相比，来自对银行部门更严格监管的成本增加可以被视为适当的，这也是卡什亚普等人（2010 年）以及金融稳定委员会（国际清算银行，2010a）和银行监管巴

---

1 在接下来的模拟中，只考虑了金融市场波动对创造就业的动力的直接影响。金融波动的其他的、间接的影响（例如通过养老金财富贬值或资本利得减少）没有被保留。在这里使用的经验模型中，考虑它们可能增强本节展示的结果。

2 这些情形是基于估计的就业弹性和关于各种金融市场变量的破坏率；关于方法和结果的详细讨论参见恩斯特（2010 年）。

图 5.7　就业水平比较（情形二、三和四与作为基准的情形一比较）（就业水平相对于情形一的百分比差异）

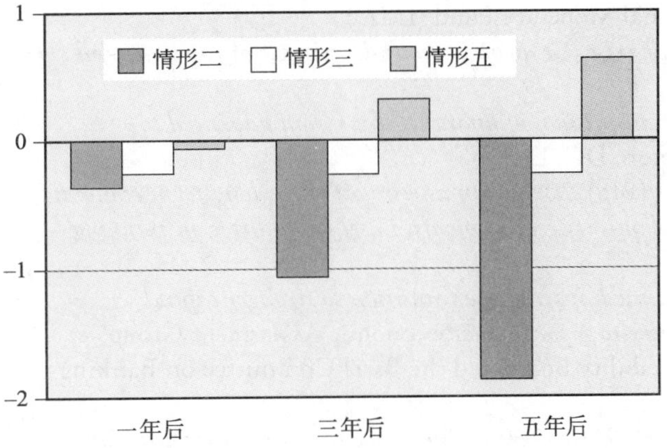

资料来源：国际劳工研究所。

塞尔委员会（国际清算银行，2010b）的观点。这意味着金融市场监管可能不仅对金融部门稳定性产生正面影响，而且同时还可以改善劳动力市场的中期前景，这是政策制定者不应轻易忽视的潜在益处。

政策考量

对维持中期强有力的就业增长所必需的金融市场的全面复苏要求金融部门的重大改革。目前观察到的金融部门压力的减少不可能使金融市场回归到危机前的趋势上。需要的是改进后的监管框架，该框架降低过度冒险的动机、增强市场透明度并强化金融部门抵抗系统性冲击的能力。但是，单个国家和 20 国集团提出的一些金融改革建议有时会遇到强烈反对，尤其是金融部门的游说团体的反对。由于全球经济开始复苏，从而使政策制定者的紧迫感放松，因而对改变的抗拒最近甚至还增加了。

金融市场改革——尤其是关于银行部门监管框架的改革——可能对劳动力市场的动态变化带来实实在在的益处，尤其是从中期来看。虽然更严格的监管可能带来一些不利影响，但对证券、银行监管和资本管制的缜密框架能带来的波动减少可以对就业创造产生巨大益处。在这点上，为了降低银行部门中不相称的杠杆和过度的冒险动机，政策制定者应该如目前巴塞尔资本协议 III 框架谈判中建议的那样，使用改革势头来增强资本充足规则。同时，通过对大多数（如果不是全部）结构化金融产品采用集中清算体系可以为金融体系带来更多的系统稳定性。实施这些建议可以大大减少市场参与者之间仍然非常高的不确定性，这将有助于减少波动并降低公司和家庭的风险溢价，从而刺激产出和就业增长。当金融部门改革以一种协调的方式得到实施时，即同时改革国内金融市场和国际金融体系，则它们对实体经济的益处最大。

参考文献

Abiad, A.; Detragiache, E.; Tressel, T. 2008. *A new database of financial reforms* (Washington, DC, International Monetary Fund (IMF)).

Artus, P.; Pastré, O. 2009. *Sorties de crise. Ce qu'on ne nous dit pas. Ce qui nous attend* (Paris, Editions Perrin).

Balakrishnan, R. et al. 2009. *The transmission of financial stress from advanced to emerging economies* (Washington, DC, IMF).

Bank for International Settlements (BIS). 2010a. *An assessment of the long-term economic impact of stronger capital and liquidity requirements, Basel Committee on Banking Supervision* (Basel).

—. 2010b. *Assessing the macroeconomic impact of the transition to stronger capital and liquidity requirements: Interim report*, Macroeconomic Assessment Group established by the Financial Stability Board and the Basel Committee on Banking Supervision (Basel).

Barth, J. R.; Caprio Jr., G.; Levine, R. 2001 (2008). *The regulation and supervision of banks. A new database* (Washington, DC, The World Bank).

Beck, T.; Levine, R.; Loayza, N. 2000. "Financial development and sources of growth", in *Journal of Financial Economics*, Vol. 58, No. 1–2, pp. 261–300.

Booth, P. (ed.) 2009. *Verdict on the crash. Causes and policy implications* (London, Institute of Economic Affairs).

Bremmer, I. 2010. *The end of the free market: Who wins the war between states and corporations?* (New York, NY, Portfolio).

—. 2009. "State capitalism and the crisis", in *McKinsey Quarterly* (July).

Caballero, R.J.; Farhi, E.; Gourinchas, P. 2008a. "An equilibrium model of 'global imbalances' and low interest rates" in *American Economic Review*, Vol. 98, No. 11, pp. 358–393.

—. 2008b. *Financial "whac-a-mole": Bubbles, commodity prices, and global imbalances,* paper prepared for the September 2008 Brookings Papers on Economic Activity Conference.

—. 2008c. "Financial crash, commodity prices and global imbalances", in *Brookings Papers on Economic Activity*, Issue 2, p. 1.

Caprio, G. 2010. *Safe and sound banking. A role for countercyclical regulatory requirements?* (Washington, DC, World Bank).

Chan-Lau, J.A. 2010. *Regulatory capital charges for too-connected-to-fail institutions: A practical proposal* (Washington, DC, IMF).

Chinn, M.D.; Ito, H. 2008. "A new measure of financial openness", in *Journal of Comparative Policy Analysis*, Vol. 10, No. 2, pp. 309–322.

Coelho, I.; Ebrill, L.; Summers, V. 2001. *Bank debit taxes in Latin America: An analysis of recent trends* (Washington, DC, IMF).

Cohen, S.C.; DeLong, J.B. 2010. *The end of influence: What happens when other countries have the money* (New York, NY, Basic Books).

Demirgüç-Kunt, A.; Levine, R. (eds). 2001. *Financial structure and economic growth: A cross-country comparison of banks, markets, and development* (Cambridge, MA, MIT Press).

Dziemba, O.; Horx, M.; Wenzel, E. 2009. *Die Matrix des Wandels* (Kelkheim, Zukunftsinstitut).

Ernst, E. 2010. *Determinants of unemployment dynamics. Economic factors, labour market institutions and financial development* (Geneva, International Institute for Labour Studies).

Espinosa-Vega, M.A.; Solé, J. 2010. *Cross-border financial surveillance: A network perspective* (Washington, DC, IMF).

Freund, C. 2009. *Demystifying the collapse in trade*, voxEU.org. Available at: http://www.voxeu.org/index.php?q=node/3731 (accessed 6 Sep. 2010).

Goodhart, C. 2010. *Are CoCos from cloud cuckoo-land?,* voxEU.org. Available at: http://www.voxeu.org/index.php?q=node/5159 (accessed 6 Sep. 2010).

Institute of International Finance (IIF). 2010. *Interim report on the cumulative impact on the global economy of proposed changes in the banking regulatory framework* (Washington, DC).

International Monetary Fund (IMF). 2010. *Global financial stability report* (Washington, DC).

Jorgenson, D.W.; Ho, M.S.; Stiroh, K.J. 2008. "A retrospective look at the US productivity growth resurgence", in *Journal of Economic Perspectives*, Vol. 22, No. 1, pp. 3–24.

Kashyap, A.K.; Stein, J.C.; Hanson, S. 2010. *An analysis of the impact of "substantially heightened" capital requirements on large financial institutions* (Chicago, IL, University of Chicago).

Monnin, P.; Jokipii, T. 2010. *The impact of banking sector stability on the real economy*, Working Paper No. 5 (Zurich, Swiss National Bank (SNB)).

Organisation for Economic Co-operation and Development (OECD). 2009. *Economic Outlook* (Paris).

Rajan, R. 2010. *Fault lines: How hidden fractures still threaten the world economy* (Princeton, NJ, Princeton University Press).

Torres, R. 2010. "Incomplete crisis responses: Socio-economic costs and policy implications", in *International Labour Review*, Vol. 149, No. 2, pp. 127–137.

World Trade Organization (WTO). 2010. *Trade policy review: China* (Geneva).

Zingales, L. 2009. "Capitalism after the crisis", in *National Affairs*, Issue 1, pp. 22–35 (Fall).